워드프레스 테마
직접 만드는 개발자 되기

당신의 뛰어난 경험이,
우리 출판사를 통해
유익한 책이 될 수 있다면
얼마나 좋을까요?

never2go@naver.com

범용 테마 개조는 이제 그만!

워드프레스 테마 직접 만드는 개발자 되기

김경호, 정명선 지음

스포트라잇북
SPOTLIGHT BOOK

http://dab.itssue.co.kr

이 책을 쓰게 된 이유

처음 원고를 완성하고 출판사에 원고를 넘겼더니 많은 질문이 쏟아졌습니다. "기존의 워드프레스 책들과 이 책이 다른 점은 무엇입니까?" "독자들이 왜 이 책을 봐야 합니까?" "워드프레스는 기존(범용) 테마를 잘 활용해서 쓰면 되는 거 아닌가요?" "워드프레스 테마를 직접 만들고 싶어하는 독자들이 정말 있을까요?"

저희는 이렇게 답했습니다. "기존 책들은 응용서이고 이 책은 개발서입니다." "워드프레스를 통해 돈을 벌고자 하는 개발자라면 이 책을 봐야 할 겁니다." "범용 테마의 개조만으로는 워드프레스의 진가를 경험할 수 없습니다." "진정한 개발자라면 테마 만들기에 도전하는 것이 당연합니다." 질문에 답을 하고 나서도 원고의 수정은 불가피했습니다. 수정하고 또 수정했습니다. 그때마다 의심(?) 많은 출판사 기획자들과 토론을 이어가며 원고를 완성하게 되었습니다.

사실 '워드프레스 테마 개발자가 된다는 것'은 고행의 길입니다. 저희는 제대로 된 정보가 없던 시기에 테마 개발자가 되고자 뛰어들었기 때문에 많이 힘들었습니다. 하지만 여러분께는 저희가 알려드릴 수 있습니다. 이제 그 지표를 책으로 나누고 싶습니다. '이 정도면 테마를 개발하는 데 필요한 지식은 충분하다.' '어느 정도면 이러저러한 플러그인의 개발이 가능하다.' 이렇게 말입니다. 머리를 쥐어짜며 괴로워하는 워드프레스 개발자들과 따뜻한 밥 한 술 나누고 싶습니다.

더 이상 클라이언트에게 "이 기능(또는 디자인)은 워드프레스로는 구현이 불가능합니다."라고 거짓말하지 마세요. 이제 자신 있게 말씀하세요. "기존 웹에서 가능했던 기능과 디자인 모두 워드프레스로 구현이 가능하며, 견적 금액은 얼마입니다."라고요!

다시 강조합니다. 이 책은 워드프레스 활용 입문서가 아닙니다. 웹전문가가 아닌 독자에겐 어렵고 불친절할지도 모릅니다. 테마와 플러그인 제작에 관심이 있는 개발자를 위한 책이기 때문입니다. 어려워도, 워드프레스 개발자라면 반드시 알아야 하는 기본 내용입니다. 개발자가 아닌 분들(디자이너, 클라이언트)에게도 이 책은 매우 유용할 것입니다. 그 이유는 본문 서두에서 밝혀집니다.

워드프레스와 관련된 것이라면 그 어떤 질문이라도 환영합니다. 저희 홈페이지 dab.itssue.co.kr의 Q&A를 활용하십시오. 많이 질문하는 사람이 더 빨리 익히고 더 깊게 배웁니다. '워드프레스 테마를 직접 만드는 개발자'가 되기 위한 여러분의 도전을 응원합니다!

저자 일동

차례

이 책을 쓰게 된 이유 5

1장_워드프레스의 진실 그리고 개발업계의 현실 12
　개조할 것인가, 개발할 것인가? 14
　워드프레스 테마 개발서, 왜 아직 없을까? 15
　잘 만들어진 워드프레스 사이트란? 16
　팽창하는 국내 워드프레스 시장? 17
　범용 테마의 두 얼굴 18
　프리미엄 테마의 조건 19
　당신은 누구십니까 20
　　　웹 프로그래머라면 | 웹 퍼블리셔라면 | 웹 디자이너라면 |
　　　웹 기획자라면 | 웹 종사자가 아닌 분들이라면
　워드프레스 웹사이트의 유형 23
　　　초급형 웹사이트 | 중급형 웹사이트 | 고급형 웹사이트
　비주얼에디터를 권장하지 않는 이유 28
　가성비의 딜레마 29

2장_워드프레스 테마 개발자가 된다는 것은 30
　초급자 질문의 유형 32
　　　1. IE에서 레이아웃이 다르게 나타나거나 깨지는 현상
　　　2. 플러그인이나 테마를 찾아달라는 요청
　　　3. 구매한 테마의 사용방법
　　　4. 워드프레스 기본 기능
　　　5. 테마와 플러그인의 기능이나 레이아웃의 변경
　　　6. PHP, Javascript, CSS 등의 사용법
　　　7. 워드프레스 함수
　편법개발의 춘추전국시대 36

워드프레스 코어 해킹 금지!   37
    해킹을 금하는 이유 | 해킹의 대안
테마를 개발한다는 것   38
어떤 개발자가 되어야 할까?   40

3장_워드프레스 테마 만들기   42

알고 있어도 읽어 볼 만한 워드프레스 이야기   44
테마(Theme)?   46
준비 작업에서 꼭 해야 할 일   48
    WP_DEBUG : php 구문 및 런타임 오류   48
    SCRIPT_DEBUG : 자바스크립트 오류   48
    SAVEQUERIES : 데이터베이스 SQL Query   50
    Cache 플러그인   51
드디어 테마 생성   51
최초 실행   54
화면 영역 기준으로 본 테마의 구조   55
테마 헤더   57
테마 함수   68
테마 푸터   69
참조 : 루프(Loop)   70
메인 인덱스 템플릿   71
사이드바   74
참조 : 액션과 필터 - 훅(hook)   80

4장_WP_Query   84

WP_Query란?   86
WP_Query 사용법   87
    query_posts()   87
    new WP_Query()   88
    get_posts()   89
중첩 WP_Query   90

$args 구성 요소 92
    기본 요소 92
    작성시간 요소 93
    글의 속성 요소 97
    메타데이터 요소 98
    택사노미 요소 102
    페이징 요소 105
    정렬 요소 107

5장_테마 깊숙이 110
    구현 파일 기준으로 본 테마의 구조 112
    정적 페이지 112
    카테고리 템플릿 116
    Pagination 122
    포스트 125
    댓글 템플릿 128
    검색 결과 템플릿 136
    검색 폼 템플릿 138
    404 오류 페이지 139
    사용자 정의 템플릿 141
    참조 : option API 144

6장_테마 지원 146
    테마 지원 관련 함수 148
    post-formats 149
    html5 152
    custom-logo 153
    custom-header 154
    custom-background 158
    title-tag 161
    post-thumbnails 162
    여러 가지 이미지 사이즈 165

7장_사용자 정의하기 170

    The customizer API 172
    custom-logo 173
    custom-header 174
    wp-head-callback 175
    admin-head-callback 177
    admin-preview-callback 179
    사용자 정의 구성요소 181
    사용자 정의하기 메뉴 구조 183
    사용자 정의하기 제공 컨트롤 190
        WP_Customize_Control - text 191
        WP_Customize_Control - checkbox 198
        WP_Customize_Control - radio 200
        WP_Customize_Control - textarea 202
        WP_Customize_Color_Control 203
        WP_Customize_Cropped_Image_Control 205
    미리보기 세련되게 적용하기 208
        자바스크립트에서 적용 208
        부분 영역 변경 적용 212
    참조 : 네이버 사이트 등록 217

8장_메인 페이지 222

    메인 페이지에 대한 고찰 224
    front-page.php 대 home.php 225
    구성요소 준비하기 226
    메인 페이지 사용자 정의 하기 227
    screenshot 244

9장_웹 접근성 246
웹 접근성이란 248
이미지 첨부 248
하이퍼링크 250

10장_자식 테마 254
자식 테마의 필요성 256
자식 테마 만들기 256
functions.php 259
템플릿 파일 263
스타일 시트 265
헤더영역 수정 269
screenshot 270

1장_
워드프레스의 진실 그리고 개발업계의 현실

전세계에서 잘나가는 워드프레스가
유독 한국시장에서는 천덕꾸러기
취급을 당하는 이유를
솔직하게 이야기하다

개조할 것인가, 개발할 것인가?

서점에는 이미 생각보다 많은 종류의 워드프레스 관련 서적이 있습니다. '쉽게 만드는 ~ 웹사이트', '아무개의 ~ 초급', '아무개의 ~ 쇼핑몰', '프리미엄 테마로 만드는 ~ 사이트', '~ 제작의 바른 길' 등 일일이 열거할 수 없을 정도로 수많은 책들이 이미 출간되어 있습니다.

그런데 말입니다…, 혹시 그 책들을 읽고 원하는 디자인의 테마나 원하는 기능의 플러그인을 직접 제작할 수 있었나요?

아마도 당신의 대답은 "아직 못합니다."일 것입니다.

여러분뿐만 아니라 기존 서적들 모두 구매하여 워드프레스를 1년 이상 공부하신 분이라도 "아직 못합니다."라고 답변을 주실 것입니다.

안타깝게도 기존 책들은 워드프레스 테마와 플러그인을 새롭게 제작하는 방법을 설명하지 않습니다. 그 책들은 범용 테마와 기존 플러그인을 활용하여 웹사이트를 만드는 방법과 워드프레스 사용방법을 단순 설명하는 응용서(활용서)이기 때문입니다.

현재까지 국내에 출간된 어떤 책도 그 책을 읽은 독자가 자신이 원하는 디자인의 테마를 만들 수 있거나 원하는 기능의 플러그인을 만들 수 있는 개발서는 아니었습니다.

만약 당신이 개발자 출신이고 워드프레스를 단지 응용을 하기 위해서라면 기존의 책을 구매하여 학습하거나 오프라인 스터디에 참여하는 것보다는 자신의 PC에 APM(APACHE, PHP, MYSQL)을 설치하고 그 위에 워드프레스를 올려 일주일정도 만지작거리는 방법이 더 빠를 수도 있습니다.

그렇다면 워드프레스 개발서를 지향하는 이 책으로 공부하면 테마와 플러그인의 제작이 정말 가능할까요?

원하는 디자인의 테마 제작은 얼마든지 가능합니다.

그리고 플러그인의 제작은 그 기능에 따라 부분적으로 가능합니다. 플러그인은 그 기능에 따라 개발의 방법과 워드프레스 함수(약 5천 개에 달하는)의 사용이 많이 달라지는 까닭에 그러합니다.

이 책에서는 워드프레스 테마를 만들기 위한 필수적인 함수와 사용법을 설명합니다.

만약 이런 책이 6년 전에 나왔더라면 저희가 처음 워드프레스 사이트 구축 오더를 받았던 시기에 많은 도움이 되었을 것입니다. 이런 책이 없었기에 저희는 워드프레스 사이트를 개발하며 좌절+실망+야근+철야+알코올의 일과를 3~4년 정도 반복해야 했습니다.

그런 식으로 6년이라는 시간이 지난 지금까지도 워드프레스 테마와 플러그인을 직접 개발하는 방법을 설명하는 책이 없어, 저희가 용기를 내어 출간에 도전하게 되었습니다.

워드프레스 테마 개발서, 왜 아직 없을까?

외국의 경우는 아마도 워드프레스 개발관련 커뮤니티가 워낙 잘 발달되어 참고 서적이 필요 없었을 것이라고 생각합니다. 하지만 국내의 경우는 조금 다릅니다.

'언어의 장벽' 때문에 커뮤니티만으로 해결이 어렵습니다. 영어에 취약한 국내 개발자가 외국의 커뮤니티를 자유롭게 활용하기는 쉽지 않습니다. 그래서 아직 테마와 플러그인의 제작이 자유롭지 못합니다.

구글 검색창에서 검색을 하더라도 알고 싶은 정보와 연관성이 가장 높은 키워드를 잘 사용해야 검색 효율이 높아집니다. 플러그인, 테마의 개발에 있어서도 필요한 지식을 얻기위해 CODEX(http://codex.wordpress.org) 등의 검색을 할 때 가장 중요한 것은 '키워드'입니다.

다소 언어의 장벽이 있더라도 검색력(키워드 선정능력)과 정보 활용 능력을 키워야 워드프레스와 같은 해외 CMS기반의 개발이 더 쉬워질 수 있다고 생각합니다.

개발의 최전선에 있는 개발자마저 테마와 플러그인 제작을 힘들어 하는데 국내의 어떤 저자가 워드프레스 테마 개발 서적을 출간할 수 있을까요?

국내에서 워드프레스 테마와 플러그인을 자유롭게 제작할 수 있는 사람이 그리 많지 않습니다. 믿기 힘드시겠지만 사실입니다. 저희도 모르는 고수 개발자가 어딘가 숨어있을 가능성도 있지만 우리 나라에 테마와 플러그인 제작을 직접 할 수 있는 개발자가 희귀한 것만은 사실입니다.

잘 만들어진 워드프레스 사이트란?

생각의 관점을 처음으로 돌려 질문해봅니다. 워드프레스는 무엇인가요? CMS입니다. CMS는 사용자에게 손쉬운 콘텐트 관리를 제공합니다. 그렇다면 웹에서 콘텐트는 무엇인가요? 그림, 글, 파일, 표 등으로 표현되는 정보들입니다.

당신이 경험한, 워드프레스로 제작한 웹사이트에서 콘텐트의 관리가 기존의 웹사이트보다 쉬워졌나요? 아니면 더 어려워졌나요? 어려워졌다면, 왜 그럴까요? 그렇습니다. 사이트 제작자, 개발자의 잘못입니다. 국내의 많은 프리랜서, 웹에이전시에서 크게 실수하는 부분입니다.

잘 만들어진 워드프레스 사이트는 콘텐트 관리가 정말 쉽습니다. 그로 인하여 사이트 사용자 업무의 능률도 향상됩니다. 사실 워드프레스 CMS를 제대로 이용하면 개발도 더 쉬워집니다.

기존에 200~300줄 코드로 구현하였던 기능이 워드프레스 함수를 이용하면 1~2줄의 코드로 구현되는 경우가 많습니다.

팽창하는 국내 워드프레스 시장?

국내에서 처음으로 만들어진 워드프레스 웹사이트가 무엇인지는 알 수 없으나 2012년에 '서울시청 홈페이지'를 워드프레스 기반으로 리뉴얼한 것을 계기로 국내의 대기업, 관공서 등에서 워드프레스 웹사이트가 많이 증가하였습니다. 워드프레스가 유명세를 타긴 했나 봅니다. 사이트 구축을 요청하는 많은 클라이언트들이 워드프레스를 언급을 하며 그걸로 해달라고 합니다.

초기 몇 안 되었던 워드프레스 개발 웹에이전시도 이젠 그 수를 알 수 없을 정도로 많이 생겨났습니다. 하지만 아직도 많은 웹에이전시들이 **범용 테마와 플러그인만을 사용하여** 개발하고 있으며 원하는 기능을 구현하는 테마의 직접 개발은 시도하지 않는 실정입니다. 심지어 몇몇 웹에이전시들은 주로 사용하는 범용 플러그인 리스트를 만들어 놓고 클라이언트를 현혹하여 **한정된 기능에 기획을 짜 맞추는 기형적인 개발**을 하고 있습니다.

워드프레스로 구축된 사이트는 관리자가 편해지는 게 당연하지만 이렇게 납품된 결과물에선 꼭 그렇지는 않습니다. **납품 후 페이지 하나 추가하려고 하면 비용을 지불하라는 곳**까지 있습니다. 이렇다 보니 워드프레스에 대한 클라이언트의 인식은 왜곡되고 다음 개발에서는 워드프레스를 배제하게 됩니다.

워드프레스 웹사이트의 질적인 발전은 이루어지지 않은 채 양적인 팽창이 이루어지고 있는 이상한 현상은 그 동안 진실을 말하는 사람이 너무 없었기 때문입니다. 이제 이 책으로 여러분은 워드프레스 웹사이트 개발의 바른 길을 걷게 될 것입니다.

어떤 이는 최고의 개발자가 될 수도 있고, 또 어떤 이는 겨우 테마 개발에 만족하는 개발자가 되기도 하겠지만, 적어도 편법개발의 유혹과 오명에서 벗어날 수 있을 것이라 확신합니다.

범용 테마의 두 얼굴

워드프레스 테마는 크게 **무료 테마**와 **유료 테마**로 나눌 수 있습니다. 이 모두는 최대한 많은 사용자들이 쓸 수 있도록 개발된 이른바 범용 테마입니다. 그런데 범용 테마 중 다양한 서체와 여러 가지 이미지 슬라이더, 버튼이나 카운터의 생동감 있는 효과, 유명 플러그인들을 위한 템플릿 등이 포함된 유료(범용) 테마를 **프리미엄** 테마라고 부르기도 합니다. 심지어 워드프레스 관련서 중에는 '프리미엄 테마'의 사용법을 알려준다는 책까지 나와 있을 정도입니다.

여기서 한 가지 의문이 생깁니다. 비교적 단순한 기능의 유료 테마는 그냥 범용 테마이고, 다양한 기능의 유료 테마는 프리미엄 테마일까요? 저희는 이러한 구분이 지나치게 상업적이라는 의구심을 떨칠 수 없습니다. 그저 더 많은 사용자나 클라이언트를 설득하기 위해 프리미엄 딱지를 붙여 포장한 범용 테마일 뿐이기 때문입니다.

프리미엄 테마의 조건

그렇다면 진정한 프리미엄 테마란 무엇을 말하는 것일까요? 워드프레스를 제작 배포하는 오토매틱사 책임 개발자의 설명에 따르면, 다수의 사용자가 아닌 특정 클라이언트를 위해 특별하게 만들어진 테마를 프리미엄 테마라고 부릅니다. 프리미엄 테마 개발자는 자신이 만든 하나의 테마를 여러 곳에 납품하지는 않습니다.

저희도 이 의견에 동의합니다. 아무리 다양한 기능을 가진 유료 테마일지라도 다수의 사용자를 위해 개발된 테마인 경우라면 프리미엄 테마가 아니라 범용 테마로 불러야 한다고 생각합니다. 이런 테마는 오히려 사용이 어렵거나 속도가 느려질 가능성이 높습니다. 성능이 이럴진대 고급이라는 의미를 부여한다고 해도 프리미엄 테마라고 부를 수는 없을 것입니다. 저희는 이 책에서 '고기능 유료 테마'를 프리미엄 테마가 아닌 범용 테마(multiple use theme)라고 부르고자 합니다.

당신은 누구십니까

당신이 웹 프로그래머라면

이 책 내용을 이해하는 데 크게 어려움이 없을 것입니다. 단지 워드프레스라는 거대한 프레임워크에 대한 이해가 필요합니다. 테마를 제작하는 데 필요한 기본 뼈대는 이 책 하나면 충분할 것입니다. 그후 개인 역량에 따라 그 뼈대에 살을 덧붙여 창의성을 가미한다면 테마 개발자라고 자부하실 수 있습니다.

당신이 웹 퍼블리셔라면

대부분 HTML, CSS, Javascript의 구현이 가능할 것입니다. Javascript의 구현이 가능하니 PHP로 이루어진 워드프레스 함수를 비교적 쉽게 배울 수 있습니다. 이 책을 통해 개발자의 영역까지 당신의 능력치를 키워보시기 바랍니다. 화면의 레이아웃 및 인터렉션을 자유자재로 다룰 수 있는 당신은 이 책에서 설명하는 테마의 구성구성을 남들과 다르게 좀 더 현실적으로 이해하실 수 있습니다.

당신이 웹 디자이너라면

당장 개발을 할 예정이 없으시더라도, 한번은 이 책의 내용을 따라하며 이해를 못하는 부분이 있더라도 저희와 같이 테마를 제작해 보시기 바랍니다. 워드프레스는 기존에 작업해 오던 사이트들과 비슷한 부분도 있고 다른 부분도 있습니다. 워드프레스에서 구현 불가능한 디자인은 없지만 더 편한 디자인은 분명 존재합니다. 이는 실제 사이트 구축 시 협업하는 과정에서 엄청난 차이점을 낳습니다. 이 책을 보시고 척박한 한국의 워드프레스 테마 시장에서 훌륭한 테마들이 넘쳐나는데 많은 도움을 주시기 바랍니다.

당신이 웹 기획자라면

이 책을 반드시 참고할 것을 추천합니다. 테마 제작보다 더 중요한 것이 제작하려는 웹사이트를 잘 기획하는 것이기 때문입니다. 기존에 기획을 하면서 둘러봤던 사이트 혹은 테마들을 떠올리면서 이 책을 공부한다면 왜 테마를 직접 개발해야 하는지 깨닫게 될 것입니다. 기획자가 프로그래밍을 하고 디자인을 하는 일은 없겠지만, 워드프레스 상에서 적어도 어떤 경우엔 범용 테마 활용에 만족해도 되고, 어떤 경우에는 반드시 테마를 직접 개발해야 하는지 정도를 판단할 수 있어야 합니다.

웹 종사자가 개발, 퍼블리싱, 디자인, 기획을 모두 잘해야만 플러그인과 테마의 개발이 가능하다는 이야기가 아닙니다. 각자에겐 특화된 전문분야가 있고 나머지 부족한 부분은 외주, 프리랜서와 함께 합리적인 방법을 모색하는 것이 더 효율적입니다. 최소한의 작동원리를 알아야 이러한 협업의 효율도 높아질 수 있습니다.

웹 종사자가 아닌 분들이라면

작은 규모의 웹사이트를 직접 제작하기 위해 **기존의 테마와 플러그인을 조합하여 웹사이트를 구축하려는 일반사용자라면**, 이후 글에서 설명할 워드프레스 사이트의 유형을 참고하여 사이트 구축에 도전하세요.

전문 웹 종사자라면 개발용 서버를 따로 준비하고 Git(분산버전관리 툴) 등을 활용하여 개발환경을 최적화 한 후 개발하는 것이 당연하지만 일반사용자의 경우에는 자신의 PC에 APM(APACHE, PHP, MYSQL)을 설치하고 워드프레스를 설치하여 테스트하는 방법을 추천합니다.

APM은 http://www.apmsetup.com/download.php 등에서 다운받아 설치가 가능합니다.

사실, 이 책은 클라이언트 분들에게도 꼭 필요한 책입니다.

당신이 클라이언트 입장에 있는 독자라면 웹에이전시나 프리랜서에게 사이트 구축을 의뢰할 때 원하는 사이트가 초급형, 중급형, 고급형 3가지의 웹사이트 종류 중에 어디에 속하는지(다음 글에서 설명) 먼저 판단해야 합니다. 그에 따라 해당 구축방법의 장점을 살리고 단점을 회피해야 하기 때문입니다. 미리 알아야 잘못된 개발로 인한 피해를 예방할 수 있습니다.

클라이언트는 잘못된 개발이 아닌 표준개발을 요구할 수 있고 웹에이전시는 자신의 구축방법이 정상적이라는 것을 내세울 수 있을 것입니다.

또한 '편법개발의 폐해'가 언급되어 있는 이 책의 2장을 꼭 읽어보시기를 추천합니다. 보시고 공감이 되신다면 혹시 자신이 무리한 요구를 하는 '진상 클라이언트'는 아닌지 돌아보는 계기가 되기를 바랍니다.

웹에이전시와의 미팅 시 이 책이 회의실에 비치되어 있다면 어떨까요? 책을 많이 팔기 위해서 드리는 말이 아닙니다. 이 책의 도움으로 합리적 웹사이트의 구축이 이루어지기를 바라는 마음에서 하는 말입니다. 클라이언트라면 누구나 웹사이트의 개발은 물론 이후 업데이트를 고려하며 구축을 의뢰합니다.

사이트를 납품받고 일정기간이 지난 후 사이트가 업데이트되는 경우는 다음과 같습니다. 서버 환경이 업데이트 되는 경우(APM 등), 워드프레스가 업데이트 되는 경우, 플러그인, 테마가 업데이트 되는 경우입니다.

업데이트를 위해 워드프레스 코어 및 테마와 플러그인 소스의 직접수정 금지, 웹에이전시 또는 프리랜서가 테마와 플러그인을 직접 만들었다면 향후 테마와 플러그인의 업데이트에 관한 특약 등을 요청하여야 합니다.

이 책은 디자인 비용을 제외한 기능 개발에 대한 합리적 구축 방향의 힌트가 될 것입니다.

워드프레스 웹사이트의 유형

워드프레스 기반의 웹사이트를 편의상 초급형, 중급형, 고급형으로 나누어 설명하겠습니다.

구분	초급형	중급형	고급형
구축방법	범용 테마, 플러그인 활용	범용 테마, 플러그인 + 코드수정	테마, 플러그인 직접 개발
최저구축비용	무료	100만원	1000만원
최고구축비용	30만원 이하	5000만원	1억원 이상

※ 여기의 예상 비용은 디자인 크리에이티브 비용을 제외한 것임.

표를 유심히 보시면 이상한 점을 발견할 수 있을 겁니다. 똑같은 1000만원 ~ 5000만원 규모의 웹사이트인데 중급형인 경우와 고급형인 경우가 있습니다. **왜 이런 일이 생길까요?**

중급형 웹사이트는 개발이 쉽고 **가성비**가 좋은 사이트입니다. 고급형 웹사이트는 **퍼포먼스**가 확실히 뛰어난 사이트입니다. 그런데 클라이언트를 속이는 못된 웹에이전시는 **고급형으로 개발해야 마땅한 웹사이트를 중급형으로 개발**하고 퍼포먼스 향상을 위해 고사양의 서버를 사용하는 등 클라이언트의 호스팅 비용 증가를 유발시킵니다.

그뿐만 아니라 심지어 웹사이트 개발을 위하여 사용한 테마와 플러그인 코드를 직접 수정하는 식의 잘못된 방법으로 개발하는 웹에이전시도 많이 보았습니다. 그런 행위들이 중급형 웹사이트와 고급형 웹사이트 구축비용의 불균형을 초래한다는 점을 보여주고 있습니다. 이제 위 분류에 따른 유형별 장단점과 주의사항 또는 올바른 구축방법을 살펴보겠습니다.

초급형 웹사이트

기존의 테마와 플러그인을 조합하여 만든 사이트. 초급형 웹사이트는 **테마와 플러그인의 소스코드 수정이 없는 웹사이트**입니다. 디자인을 수정하는 경우에도 코드 수정 없이 테마의 기능을 이용하여 구축합니다. 이 경우 설치하려는 테마와 플러그인을 충분히 테스트하고 최소한의 플러그인으로 구축해야 합니다.

장점
뛰어난 가성비(훌륭한 디자인 및 반응형 등 지원)와 더불어 누구나 쉽게 웹사이트의 제작이 가능합니다.

단점
웹접근성 인증이 불가능합니다. 원하는 레이아웃의 웹사이트 제작이 어려울 수 있습니다(원하는 레이아웃의 테마를 찾지 못할 수 있습니다). 사용자의 콘텐트 관리가 비주얼에디터 등의 사용으로 CMS의 목적과 달리 어려울 수 있습니다. 또한 너무 많은 플러그인을 사용하여 웹사이트의 속도가 느려지는 경우가 대부분이며 업데이트 시 플러그인 상호충돌의 가능성도 상존합니다.

중급형 웹사이트

초급형 웹사이트에 추가기능 및 디자인 변경을 위하여 테마 또는 플러그인의 코드 수정이 이루어지는 웹사이트를 말합니다. 이 경우의 개발자들은 주로 워드프레스 인터넷 카페나 커뮤니티 등에서 수정에 필요한 정보를 습득해가며 제작합니다.

중급형 웹사이트의 장단점은 초급형 웹사이트의 경우와 거의 유사하지만 추가로 개발 시 주의해야 하는 점이 있습니다.

주의사항

테마의 기능이나 디자인 등을 수정하려면 반드시 자식 테마를 생성하여 적용해야 합니다. 플러그인 기능 수정의 경우 반드시 애드온 플러그인의 형태로 이루어져야 합니다. 향후 워드프레스의 업데이트에 발맞추어 수정된 코드의 업데이트도 이루어져야 하기 때문입니다. 자식 테마와 플러그인을 따로 생성하지 않고 코드를 직접 수정하면 해당 테마나 플러그인이 업데이트되는 경우 수정한 코드가 모두 사라져 홈페이지가 이상 작동을 하게 됩니다.

워드프레스는 보안성 증대 및 기능 수정, 편의성 증대 등의 이유로 1년에 수차례 업데이트됩니다. 워드프레스 코어의 업데이트 시 일반적으로 테마와 플러그인도 업데이트됩니다. 그러나 테마나 플러그인 코드를 직접 수정(심지어 워드프레스 코어를 고치는 경우도 보았습니다)했다면 당연히 테마와 플러그인의 업데이트가 불가능하고(기존 수정했던 코드가 사라지기 때문에) 워드프레스 코어의 업데이트도 불가능하게 됩니다. 이러한 개발을 흔히 편법개발이라고 합니다. 편법개발로 만든 워드프레스 웹사이트는 보안에 극히 취약합니다.

최근 국내의 모 웹에이전시에서 제작한 S사 사이트가 편법개발 사례 중 하나입니다. 요청사에서 정한 제작 단가 때문에 개발사는 유료 테마와 유료 플러그인을 구입하여 약간의 기능을 수정하는 방법으로 사이트를 제작했습니다. 자식 테마를 제작하여 적용하는 등 제작은 제대로 이루어졌지만 해당 사이트에 적용된 회원관련 기능의 유료 플러그인(국내 에이전시 개발)이 워드프레스 코어 업데이트 시 오류를 일으켰습니다. 그래서 어쩔 수 없이 **워드프레스가 업데이트되지 못하게 막아두고 개발을 완료**했다고 합니다.

나중에 웹사이트가 멈추는 일이 발생하여 원인을 알아보니 웹사이트가 **멀웨어에 감염**되어 있었습니다. 얼마 전 저희가 해당 사이트의 복구의뢰를 받고 코드를 분석하는 과정에서 알아보니 이미 S사의 사이트가 해외 해킹 커뮤니티에 등록되어, 누구나 들어와서 자신의 백도어를 심어놓고 나가는 상황에까지 놓여있었습니다. 결과적으로 다른 에이전시의 회원관련 플러그인을 사용하지 않고 개발사가 해당 기능을 자체로 개발했고, 제때에 업데이트를 해줄 수 있었다면 예방할 수 있었던 사고였습니다.

저희는 웹사이트의 복구를 위해 수천 개의 파일을 분석하여 기존에 알려진 멀웨어와 백도어는 모두 제거하였지만 변종이 워낙 많은 까닭에 100% 제거했다고는 장담할 수 없었습니다. 변종을 잡기위해 해당 웹사이트의 로그 및 특수상황이 기록되는 서버를 구축하고 웹사이트의 로그를 1개월 이상 분석하여 멀웨어를 모두 제거하였습니다. 클라이언트 입장에서 본다면 순간의 잘못된 선택으로 엄청난 비용을 지불해야하는 뼈아픈 사례였습니다.

중급형 웹사이트 제작의 올바른 방법

구분	중급형 웹사이트
잘못된 개발 방법	기존 테마와 플러그인 + 테마와 플러그인 코드 수정
올바른 개발 방법	기존 테마 (자식 테마 제작) + 기존 플러그인 (애드온 플러그인 제작)

고급형 웹사이트

테마, 플러그인을 사이트의 성격에 맞게 새로 개발하여 사용자의 편의성을 증대한 사이트.

일반적으로 기획 ⇨ 디자인 ⇨ 테마 & 플러그인 제작 ⇨ 마이그레이션 & 페이지 등록 ⇨ 테스트 & 모니터링의 순으로 개발합니다. 사실 이 순서는 워드프레스가 아닌 기존 웹사이트의 제작 순서와 동일합니다. 테마 제작, 플러그인 제작, 기존 웹사이트 콘텐트의 마이그레이션 능력이 필요합니다.

장점

웹사이트의 퍼포먼스가 뛰어납니다. 어떠한 형태의 웹사이트 디자인이라도 제작이 가능합니다. 기존 웹에서 구현된 기술이라면 어떠한 것도 구현이 가능합니다. 웹접근성 인증이 가능합니다. 개발 시 향후 메뉴 등이 변경되거나 새로운 콘텐트가 등록되어도 자동으로 웹접근성이 유지되도록 개발이 가능(정말입니다!)합니다. 클라이언트의 업무를 파악하여 그 기능을 테마 또는 플러그인으로 구현하기 때문에 진정한 업무효율 증대를 가능하게 합니다.

단점

제작 단가가 높습니다. 최소 1000만원. 제작 기간이 길어집니다. 최소 2개월.

고급형 사이트의 개발 예시

저희가 구축하였던 자산운용사 사이트들이 이런 유형에 해당됩니다. 견적 금액은 1억원 수준(물론 제작한 테마와 플러그인은 납품 후에도 관리합니다)이었으며 제작 전 기획단계에서 기존 사이트에서 불편했던 점을 파악하고 사이트 관리 실무자가 불편했던 점도 파악했습니다. 이를 개선하여 **웬만한 수동 기능을 모두 자동화**했습니다. 실무자에게 더 쉬운 관리를 제공하면 홈페이지를 유지 보수하는 저희도 더 편해지기 때문입니다.

그리고 무엇보다 워드프레스로 구축된 사이트로 '웹접근성인증마크'를 받았습니다. 워드프레스로 개발하여 인증마크를 받은 경우는 저희가 구축한 사이트들 외에는 거의(아직) 없다고, 저희는 알고 있습니다.

비주얼에디터를 권장하지 않는 이유

페이지빌더 또는 비주얼컴포저 등의 비주얼에디터 사용에 유의하세요. 저희가 워드프레스를 처음으로 시작했던 무렵, 처음에는 워드프레스 기본 테마를 커스텀하여 사이트를 제작하였지만 두 번째부터는 테마를 직접 제작하여 사이트를 구축하였습니다.

유료 테마로 저가의 사이트를 구축한 경험도 있었지만 유료 테마에 들어있는 페이지빌더 또는 비주얼컴포저와 같은 비주얼에디터의 단점을 경험하고 나서 테마를 직접 개발하는 방법을 선택했습니다.

비주얼에디터를 사용하면 CMS의 본래 목적과 달리 손쉬운 콘텐트의 관리 및 검색엔진 최적화와 **거리가 먼 사이트가 됩니다.**

거의 모든 종류의 비주얼에디터는 콘텐트를 post meta로 저장하여 그 내용이 검색엔진에 반영되지 않는 경우가 대부분입니다. 이 경우 post meta의 내용이 검색엔진에 반영될 수 있도록 구성된 테마가 별로 없습니다. 비주얼에디터의 사용 시 post meta의 내용이 검색엔진에 반영될 수 있도록 자식 테마에 해당 기능을 넣어 사용해야 합니다.

가성비의 딜레마

가성비에는 **비용과 시간**이라는 개념이 포함된다고 생각합니다. 고급형으로 만들어야 할 웹사이트를 중급형으로 만들었다가, 나중에 다시 고급형으로 개발하는 일이 발생한다면 비용과 시간 모두 더 많은 투자가 필요하기 때문입니다. 또 초급형으로 제작해도 될 웹사이트를 고급형으로 구축한다면 클라이언트에게 엄청난 손해를 끼치게 됩니다.

개발 관련 상담 시 중요한 것은 **클라이언트의 입장에서 가성비를 따져보는 것**입니다. 디자인 퀄리티를 내세워 견적금액을 애매하게 산출하여 클라이언트의 합리적 판단이 어렵게 하는 웹에이전시도 보았습니다. 정확한 개발비용의 산출을 위해 견적을 **개발 비용 + 퍼블리싱 비용 + 디자인 비용**으로 세분하여 제시하는 방법도 있습니다. 세분하여 견적을 도출하면 클라이언트의 입장에서도 견적의 구성을 합리적으로 이해할 수 있습니다.

클라이언트가 원하는 디자인과 기능을 목록으로 만들고 상세한 견적을 제시하여 가성비가 뛰어난 웹사이트 제작을 하도록 안내하는 일은 클라이언트와의 신뢰구축 측면에서 개발 행위 못지 않게 중요한 일입니다. 실력은 물론 가성비 측면에서도 클라이언트에게 당당한 개발자(팀)가 되도록 노력하세요.

2장_
워드프레스 테마 개발자가 된다는 것은

편법 개발이 난무하고
대책 없는 질문만 무성한
개발자 세상의 중심에서
테마 개발을 외치다

초급자 질문의 유형

국내 워드프레스 개발 관련 카페에는 많은 질문이 올라옵니다. 대부분은 초급형과 중급형 사이트 제작에 관한 것들이었습니다. 빈도가 많은 순서로 소개합니다.

1. IE에서 레이아웃이 다르게 나타나거나 깨지는 현상

테마 구입 시 해당 테마의 IE(Internet Explorer) 지원여부를 확인하지 못한 경우가 대부분입니다. 또한 사용하는 플러그인(이미지에 관련된 플러그인-슬라이더 등)의 IE 지원여부를 확인하지 못했을 확률이 높습니다.

테마 구입 시 IE지원 여부를 확인하는 것으로 예방이 가능합니다. 대부분의 테마 판매 사이트에서는 'Live demo'를 제공합니다. 단, 주의하실 점은 최신 버전의 IE에서 에뮬레이션 모드가 아니라 해당 버전의 native 브라우저에서 확인해야 한다는 것입니다. 먼저 지원여부를 확인하고 테마를 구입하세요.

2. 플러그인이나 테마를 찾아달라는 요청

온라인상에는 무수한 테마와 플러그인이 존재합니다. 이 부분에서 어려움이 발생합니다. 모든 테마와 플러그인을 테스트해 볼 수 있다면 가장 좋겠지만 현실적으로 불가능합니다. 검색을 통해 평점이 우수한 플러그인 위주로 몇 가지 플러그인을 테스트해 보고, 나의 요구사항과 가장 근접한 플러그인을 찾아야 합니다. 검색어(영어)가 중요하게 작용하니, 국어로는 같은 뜻이라도 전혀 다른 결과를 보여줄 수 있습니다. 많이 써보고 테스트해 보는 수밖에 달리 답이 없습니다. 유명 블로거나 커뮤니티 사이트에 작성된 리뷰나 사용기들도 틈틈이(당장 필요치 않더라도) 읽어두시기 바랍니다.

아래의 유료테마와 플러그인 마켓도 찾아보세요.

플러그인마켓
http://codecanyon.net
http://www.pluginswp.com/
http://tribulant.com/plugins/
http://www.wp-buy.com/

테마마켓
http://themeforest.net
https://ithemes.com

3. 구매한 테마의 사용방법

판매가 많이 되는 테마는 여러 사용자의 요구사항을 충족하려다 보니 당연히 여러 가지 기능을 내장하고 있습니다. 기능이 워낙에 많기 때문에 사용법도 복잡하고 혼동하기 쉽습니다. 테마를 선택할 때는 **테마 제작사의 홈페이지를 꼭 둘러보세요**. 동영상이나 문서 형태로 제공하는 도움말이 있는지 확인하십시오. 웹사이트에 테마를 적용한 후 사용자 화면으로 노출되지 않는 페이지를 생성하여 테스트해 보시기 바랍니다.

이 부분은 참 애매합니다. 사실 저희는 대부분 필요한 테마와 플러그인을 직접 만들어서 사용합니다. 게다가 판매량이 적은 테마의 경우라면 사용 경험이 없으니 조언해드리기 어렵습니다.

4. 워드프레스 기본 기능

워드프레스의 기본 개념이 기존의 국내 게시판 위주의 사이트들과 달라서 질문이 많은 편입니다. 관리자 화면의 UI/UX가 익숙지 않고 글/페이지/카테고리/택사노미 등의 개념이 낯섭니다. 실습을 통해 먼저 익숙해지는 데 집중하시기 바랍니다.

워드프레스 기본 기능을 학습하는 방법은 여러 가지가 있습니다. https://codex.wordpress.org/Category:WordPress_Lessons에서의 학습하거나, 책을 구매하여 독학하거나, 특강 혹은 개인강습을 받는 방법 등이 있겠지요.

5. 테마와 플러그인의 기능이나 레이아웃의 변경

자신이 원하는 요구사항을 정확하게 수행해주는 테마나 플러그인을 찾는 건 매우 어렵습니다. 아니 그렇게 딱 맞는 테마는 없다고 해도 과언이 아닙니다.

기획이 중요한 것은 그래서입니다. 독자 개발의 여지가 없다면 **범용 테마나 플러그인이 제공하는 기능 안에서** 클라이언트의 요구사항을 충족시킬 수 있도록 구축해야 합니다.

게시판을 보면 코드를 바꾸어 사용하라는 답변이 많았습니다. 그러나 테마 또는 플러그인의 코드를 직접 수정하면 편법개발로 변질되기 쉽습니다. **자식 테마와 애드온 플러그인**으로 제작하여 기능을 수정하는 것이 바른 방법입니다.

6. PHP, Javascript, CSS 등의 사용법

다들 이미 아시겠지만 PHP, Javascript, CSS 하나하나가 모두 비중 있는 내용들입니다. 세 가지 모두에 능통해야 답을 얻을 수 있는 경우도 있습니다. 검색과 각 커뮤니티를 적극 활용하되 답만 얻으려 하지 마시고, 적어도 한 번은 고민을 거쳐 자기 것으로 만들기 바랍니다. 저희 홈페이지에도 질문을 올려주시면 답이 아니라 방법을 알려드릴 수 있도록 노력하겠습니다.

중요하다고 했지만 이 책에서는 다루지 않는 내용입니다. 엄밀하게 말하면 관련 도서를 가지고 공부하거나 해당 커뮤니티에서 해결해야 할 질문입니다. 정 어려우면 저희 홈페이지의 게시판을 활용해주십시오.

7. 워드프레스 함수

워드프레스에는 약 2천8백여 개의 함수와 2천여개의 hook이 있습니다(http://wpseek.com 참조).

게다가 단독으로 사용하여 결과를 얻을 수 있는 함수도 있지만, 여러 가지 함수 수행을 거쳐 결과를 얻을 수 있는 경우도 있습니다. 이 모든 함수 및 훅에 대하여 한 권의 책으로 설명하는 것은 무리가 있습니다.

함수 사용법에 대하여 가장 좋은 참고서는 codex입니다. 예제나 관련 함수들도 함께 설명이 되어 있습니다. 실제 함수가 구현된 소스파일명도 명시 되어 있습니다.

설명이나 제공된 예제가 부족하거나 여러분이 적용하려는 방향과 상이하다면, 소스코드를 직접 참고하시기 바랍니다. 샘플 코드를 작성하여 결과 값을 비교해보고 이해도를 높이세요. 혹 샘플코드가 번거롭다면 직접 코어를 수정해서 값을 따라가 보시기 바랍니다. 실제 개발에서 워드프레스 코어를 손대는 것은 금기시 되어 있지만, 이 경우에는 해당되지 않습니다.

워드프레스를 처음 접하는 사람이라면 접하는 모든 함수를 찾아보는 수고를 해야겠지만, 차츰차츰 쌓이다보면 어느덧 그 빈도가 줄어들어 있을 것입니다.

언제나 그렇듯, 그래도 궁금증이 해소되지 않는다면, 저희 홈페이지에 문의하시기 바랍니다.

편법개발의 춘추전국시대

정말 잘못 만들어진 워드프레스 웹사이트가 많아도 너무 많습니다. 혹시 워드프레스로 개발된 특정 사이트가 편법으로 개발이 된 것인지 확인하고 싶다면 아래의 방법으로 간단하게 확인할 수 있습니다.

"홈 ⇨ 알림판 ⇨ 업데이트"에서 설치된 워드프레스 버전을 확인하시고 https://wordpress.org/download/에서 배포중인 버전과 비교해 보세요.

플러그인 중에서 "Disable All WordPress Updates"등 워드프레스의 업데이트 기능을 막고 있는 플러그인이 있는지 확인하세요.

테마와 플러그인도 설치된 버전과 현재의 배포버전을 모두 비교하여 편법개발 여부의 확인이 가능합니다.

위의 방법으로 모든 편법개발을 알 수 있는 것은 아니지만, 하나라도 해당된다면 당신의 홈페이지는 잘못 개발되었을 확률이 높은 것입니다.

확인하셨나요? 편법개발이 난무하는 원인은 여러 가지가 있지만 "워드프레스는 공짜다!"라는 잘못된 인식도 한몫을 한 것이 사실입니다. 아무리 공짜인 원료로 개발을 했다고 하더라도 제품을 완성하려면 인건비가 들게 마련입니다. 클라이언트(또는 사용자)가 직접 개발을 했다고 하더라도 최소한 자신의 인건비와 전기료 등이 필요합니다.

워드프레스가 국내 웹사이트 개발도구로 자리 잡기 이전에도 많은 무료 개발도구가 존재했고 웹에이전시는 그 개발도구를 사용하여 웹사이트를 제작했습니다. 그땐 웹사이트 구축비용이 높았다가 워드프레스로 개발도구가 바뀌면서 구축비용이 낮아졌다는 것은 뭔가 이상한 것 아닐까요?

물론 워드프레스는 오픈소스입니다. 무료인 테마와 플러그인도 무수하게 많이 존재합니다. 이런 이유로 국내의 클라이언트들은 워드프레스를 사용하면 공짜로 웹사이트 개발이 가능할 것이라고 착각하는 경우가 많습니다. 그래서 홈페이지 구축을 의뢰할 때 무턱대고 가격을 후려치는 클라이언트도 있습니다.

낮은 가격을 기대하는 클라이언트에 대응하기 위해 웹에이전시는 저가 개발에 전념하게 되고 편법개발이 판을 치는 **이상한 순환구조**가 만들어졌습니다. 하지만 환경적인 원인에 적당한 핑계가 있었더라도 잘못 개발한 결과물은 **웹에이전시의 책임**입니다.

워드프레스 코어 해킹 금지!

이 부분은 너무 중요한 내용입니다. 웹사이트의 제작 시 워드프레스, 테마, 플러그인의 구조와 작동원리 분석을 위해 코드를 둘러보는 것은 바람직한 일이지만 코드를 직접 수정하는 것은 절대 안 됩니다. 코드 직접 수정은 제작된 웹사이트의 보안을 취약하게 하는 가장 큰 원인입니다.

해킹을 금하는 이유

워드프레스는 보안의 증대를 위하여 항상 최신 버전으로 유지되어야 합니다. 하지만 소스를 해킹하면 향후 워드프레스가 업데이트되는 경우에도 최신 버전 업데이트가 불가능합니다.

업데이트를 실행하면 워드프레스는 기존의 코어를 삭제하고 업데이트된 내용으로 다시 설치하기 때문에 웹사이트의 개발을 위해 추가한 내용은 모두 사라지게 됩니다. 보통 이런 편법개발 웹사이트는 워드프레스 업데이트 기능을 막아놓는 경우가 많습니다. 따라서 웹사이트는 보안에 취약해집니다.

테마와 플러그인의 경우도 마찬가지입니다. 테마와 플러그인도 워드프레스가 업데이트 될 때 함께 업데이트 되는 경우가 많습니다. 테마와 플러그인의 코드를 직접 수정하여 웹사이트를 개발하면 새로운 버전으로 업데이트가 이루어진 테마와 플러그인의 사용이 불가능해집니다. 이 경우에도 역시 웹사이트는 보안 취약점이 노출되어 외부의 공격에 취약해집니다.

해킹의 대안

테마와 플러그인 기능을 확장, 축소하기 위해 자식 테마와 애드온 플러그인을 제작하여 웹사이트를 구축하세요. 기존 워드프레스, 테마, 플러그인에서 제공하지 않는 기능이 있다면 이러한 방법으로 얼마든지 제작이 가능합니다.

최근에는 범용 테마도 자식 테마를 번들로 제공하고 있습니다. 워드프레스 해킹으로 간단하게 원하는 성과를 얻을 수도 있겠지만 이것은 잘못된 방법이며 해킹이 보안 취약점을 증가시키는 가장 흔한 경우라는 것을 반드시 기억하세요.

테마를 개발한다는 것

범용 테마를 사용하여 사이트를 개발하는 대부분의 이유는 저렴한 가격에 사이트를 빨리 개발할 수 있다는 장점 때문입니다. 범용 테마(유료 테마)는 일반적으로 최대의 판매를 목적으로 만들게 됩니다. 최대한 많은 사람들의 니즈를 충족할 수 있도록 많은 기능을 포함하여 제작합니다. 그러다 보니 테마 사용법을 따로 배워야 하는 어처구니없는 경우가 발생하기도 합니다. 또한 불필요하게 많은 기능은 웹사이트 제작에 저해요소로 나타납니다. 사이트가 무겁게 돌아가거나 다른 플러그인과의 충돌 가능성을 높이는 경우가 많습니다. 테마의 기능을 축소 또는 확장하는 자식 테마의 개발을 위해서 해당 테마의 코드를 모두 분석해야 하는 상황이 발생합니다.

기획단계에서 구상한 의도에 정확하게 부합하는 테마를 제작하여 웹사이트를 구축하면, 위에서 열거한 불편한 점들이 모두 해소되어 웹사이트가 최적화됩니다. 테마를 개발한다는 것은 개발자에게 매우 뿌듯하고 자랑스러운 일이기도 합니다. 하지만 테마를 개발한다는 것은 워드프레스 개발을 처음 시작하는 개발자에게는 무척 어려운 일입니다.

정리해 보면,

테마를 개발한다는 것은

- 진짜 워드프레스 개발자가 된다는 것
- 워드프레스의 장점을 제대로 살린다는 것
- 범용 테마의 한계를 뛰어넘는다는 것
- 편법개발을 하지 않는다는 것
- 퍼포먼스가 좋은 워드프레스 웹사이트를 만든다는 것
- 기획의도에 정확하게 부합하는 웹사이트를 만든다는 것
- 보안에 강한 웹사이트를 만든다는 것
- 웹접근성을 충족하는 웹사이트를 만든다는 것
- 정당한 견적을 제시할 수 있다는 것
- 개발자는 당당하고 클라이언트는 대만족하는 프로젝트를 지향한다는 것

이라고 생각합니다.

어떤 개발자가 되어야 할까?

워드프레스는 전 세계에서 가장 빠르게 진화하는 시스템입니다. 기술적으로도 그렇고 사용자의 증가 측면에서도 그렇습니다. 지금도 매 74초마다 새로운 워드프레스 웹사이트가 개발되고 있으며 이는 두 번째로 많이 사용되는 Joomla CMS가 22분마다 새로운 웹사이트가 개발된다는 사실(W3Techs 2015년자료)과 비교하면 매우 대단한 성과입니다.

워드프레스는 이미 국내에서도 가장 많이 사용되는 CMS로 군림하고 있습니다. 가장 범용적으로 사용되는 만큼 반드시 배워야 하는 분야라고 생각합니다. ASP, JSP 개발자들도 현재 워드프레스 개발을 공부하고 있습니다.

어떤 개발자는 자신의 역량이 부족하다는 것을 숨기고 테마와 플러그인을 구입 후 코드를 직접 수정하여 웹사이트를 편법으로 개발하기도 합니다. 이 책을 보시는 독자 여러분은 그러지 마시기 바랍니다. 지금의 역량으로 개발할 수 있는 것, 아직은 개발하지 못하는 것을 솔직하게 말할 수 있어야 합니다.

범용 테마를 이용하게 된다면 클라이언트에게 솔직하게 말하고 정당한 견적으로 충실히 개발하면 됩니다. 이 책을 통해 개발 역량을 키워서 직접 테마와 플러그인을 만들어 웹사이트를 구축하는 그날까지 노력하세요.

이 책의 샘플 소스에 대하여

이 책에서 설명하는 소스 코드는 분산 버전 컨트롤 호스팅 제공으로 유명한 github를 통해서 배포합니다. 각각의 장을 기준으로 tag가 추가되어 있습니다. git의 사용이 익숙한 사용자라면 아래 주소를 방문하여 전체 repository를 clone 혹은 fetch 한 후 각 tag로 checkout 하시면 되고, git의 사용이 익숙하지 않은 분들은 tag 경로로 접속하시어 해당 tag에 해당하는 압축파일을 다운로드 하셔서 사용하시기 바랍니다.

repository : https://github.com/itssuedev/theme-itssue

tag : https://github.com/itssuedev/theme-itssue/tags

(g) : github 참조가 필요한 경우를 나타냅니다.

... : 앞 단계에서 추가했던 생략된 코드가 있음을 나타냅니다.

3장_
워드프레스 테마 만들기

천리 테마도
한 코드부터.
이제
시작합니다

알고 있어도 읽어 볼 만한
워드프레스 이야기

2017년 2월 W3Techs에 따르면 전 세계 모든 웹사이트의 27.5%, 전 세계 모든 CMS 사이트 중 58.7%가 워드프레스로 만들어졌으며 이는 계속 상승 중이라고 합니다.

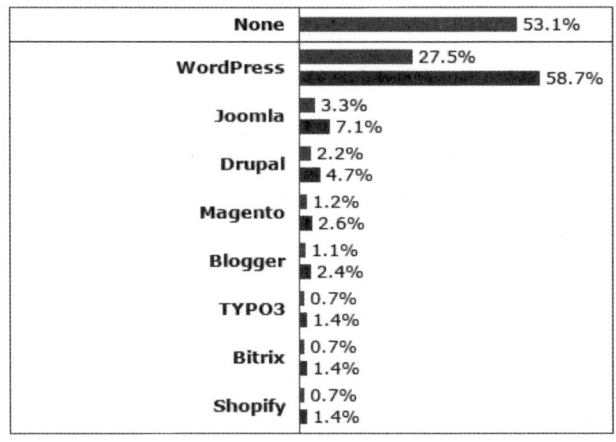

점유율이 증명하듯 워드프레스는 CMS 중 가장 편리하고 안정적입니다. 워드프레스는 2001년에 만들어진 CMS입니다. 기존의 다른 시스템처럼 정적인 페이지만을 만드는 시스템이 아닌, 지속적인 콘텐트 업데이트가 가능한 Blogging platform으로 만들어졌습니다.

종종 어떤 이들은 워드프레스가 국내의 정서에 맞지 않다고 말하거나 블로그 기반이라 한계가 있다고 그 본질을 잘못 얘기하기도 합니다. 이는 국내 포털 등이 제공했던 블로그의 한계 때문에 발생한 오해입니다. 사실 외국에서 블로그의 의미는 "기존의 낱장 페이지 구조에서 발전하여 글을 적을 수 있는 형태의 웹사이트"에 가깝습니다.

1990년대 후반, 발전된 형태의 웹 퍼블리싱 툴에 대한 논의가 있었고 이후 Web+log의 합성어로 blog라는 개념이 정리되었습니다. 이후 CMS 개념이 생겨났습니다.

결정적으로 워드프레스는 매우 훌륭한 CMS인데도 오픈소스입니다. 워드프레스를 사용하여 간단한 홈페이지를 제작하거나 개인 블로그를 제작할 수 있습니다. 심지어 고기능 비즈니스 웹사이트의 구축도 가능합니다.

'5 Minutes Install', 즉 준비된 웹공간에 워드프레스를 올려 5분 이내에 설치가 완료됩니다. 또한 개발에 필요한 정보를 얻을 수 있는 커뮤니티가 매우 잘 형성되어 있습니다(CODEX 등).

워드프레스는 무료인 APM기반의 CMS입니다. APM기반이란 Apache, MySQL, PHP를 말하지만 Nginx, MariaDB와 조합도 가능하며 Nginx를 사용하면 사이트의 속도향상에 약간의 이득이 있습니다. ORACLE에서 MySQL을 인수 후 라이센스 비용을 요구하는 등 정책의 변화를 보여 CenTOS에서는 기본 패키지로 무료사용이 가능한 MariaDB를 탑재하는 등 최근 MariaDB의 사용이 늘고 있습니다.

워드프레스에는 훅(hook)이라는 개념이 도입되었습니다. 훅이란 워드프레스의 어떤 기능이 실행될 때 다른 기능을 만들어 추가로 실행하거나 워드프레스 해당 기능의 일부 또는 전부를 빼거나 다른 기능으로 대체하는 것입니다. 고도화된 기능을 더욱 빠르고 간편하게 구현할 수 있습니다.

원하는 워드프레스 함수의 용도와 그 실행 시점을 알고 있어야 정확한 훅의 응용이 가능합니다. 이는 워드프레스 테마, 플러그인의 제작 시 가장 어려운 부분이기도 합니다.

워드프레스 테마와 플러그인 개발을 처음 배울 때는 어렵고 어느 정도 숙달이 되어야 개발 속도가 빨라집니다.

워드프레스는 '홈페이지 관리자'인 유저가 프로그램에 대한 전문적인 지식이 없어도 글, 그림 등의 관리를 편하게 할 수 있는 CMS입니다.

워드프레스는 등록된 글, 페이지, 이미지, 댓글과 검색된 결과 등의 RSS(Rich Site Summary: 업데이트가 빈번한 웹사이트의 정보를 사용자에게 보다 쉽게 제공하기 위하여 만들어진 XML기반의 문서)를 자동으로 생성하여 제공합니다. 사용자에게 새로운 정보를 더욱 빠르게 안내할 수 있습니다.

테마(Theme)?

워드프레스의 테마는 등록된 글, 이미지, 첨부파일 등을 어떤 형식으로 보여줄지를 결정하는 레이아웃을 구성하는 파일들의 집합입니다.

보통은 테마와 플러그인이라는 두 종류로 구분하여 테마는 레이아웃을, 플러그인은 기능을 담당하는 것이라고 생각하지만 그냥 이름과 전문분야, 프로세스가 약간 다를 뿐 둘 다 레이아웃과 특정기능을 포함할 수 있습니다. 테마는 1개만 활성 가능하지만 플러그인은 여러 개를 조합하여 사용이 가능합니다.

플러그인은 여러 종류의 테마에서도 원하는 모습으로 작동이 가능해야 하기 때문에 워드프레스가 기본 제공하는 번들 테마들을 분석한 후 이에 부합되도록 제작하여 플러그인의 호환성을 확보하여야 합니다. 새로운 테마를 제작할때에도 제작된 플러그인의 작동을 보장하기 위해 역시 호환성을 확보하여 제작합니다. 여기서 호환성의 확보란 표준코딩과 웹표준의 준수, 워드프레스 번들 테마의 구조를 파악하여 그들의 공통사항을 준수하는 것을 말합니다.

테마에서 페이지(page)와 글(post)을 혼동하지 마세요. 그 둘은 서로 연관된 것이 아닙니다. 보통 '페이지'는 정적인 것을 표현하는 방법으로 많이 사용되며 '글'은 특정 카테고리 내에 콘텐트를 아카이빙하는 방법으로 사용됩니다. 이렇게 워드프레스에는 기본 2종류의 게시물 형식이 존재합니다. 이 책에서는 정적 페이지와 포스트로 각각 표기합니다.

테마에는 테마의 스타일을 담당하는 style.css와 테마의 레이아웃을 담당하는 single.php, page.php, sidebar.php, category.php, search.php, header.php, footer.php 등이 있고 기능을 담당하는 functions.php가 있어 테마에서 필요한 공통 기능을 이곳에서 구현합니다.

테마 개발자가 되는 가장 빠른 길은 워드프레스 설치 시 기본으로 들어있는 번들 테마를 분석하는 것입니다. 친절하게도 이 번들 테마에는 각 코드의 용도 등이 주석으로 매우 상세하게 설명되어 있습니다.

이 책에서는 번들 테마의 분석 없이도 테마의 제작이 가능하도록 필수 요소만을 사용하여 테마를 제작하는 방법을 설명합니다. 이렇게 워드프레스 함수 사용을 최소화하여 제작해보고, 이를 활용하면 좀 더 쉽게 고도화된 테마와 플러그인을 제작할 수 있기 때문입니다.

직접 디자인한 레이아웃을 두세 번 테마로 만들어 보면 테마의 구조가 저절로 머릿속에 들어올 것입니다. 테마의 구조는 표지 뒷면에 인쇄되어 있는 '워드프레스 테마 구조도'에 잘 나타나 있습니다.

준비 작업에서 꼭 해야 할 일

일사천리로 개발을 완료하는 경우는 없습니다. 많은 오류를 발견하고 끝없는 수정을 거쳐야 의도한 기능을 정확히 구현할 수 있습니다. 이럴 때 오류 메시지와 각종 디버깅 정보가 큰 도움이 됩니다. 디버깅을 위한 오류 파악에 도움을 주는 여러가지 플러그인들이 나와있지만, 여기에서는 워드프레스 자체의 기본적인 디버깅 설정들만 소개합니다. 그것은 바로 워드프레스 루트 폴더에 wp-config.php 파일에서 설정하는 것입니다.

WP_DEBUG : php 구문 및 런타임 오류

```
define( 'WP_DEBUG', true );
```

오류발생 시 메시지를 보여줍니다. 경고(Warning)나 알림(Notice) 수준의 오류까지 출력해 주므로 초기화되지 않은 변수의 사용이나 사용자 입력 시 예외상황으로 인한 POST 값의 누락 등을 사전에 검출할 수 있습니다. 특히 추후 워드프레스 API에서 사장될 (Deprecated) 함수의 사용을 미연에 방지하여 좀 더 견고한 코드를 작성하는데 도움이 됩니다.

> **Notice**: get_user_option는 버전 3.0때부터 대체할 내용이 없이 **사용중단**되었습니다. in /var/www/clients/client17/web62/web/wp-includes/functions.php on line 3739
>
> wp / Proudly powered by WordPress

SCRIPT_DEBUG : 자바스크립트 오류

```
define( 'SCRIPT_DEBUG', true );
```

워드프레스는 기본적으로 웹 페이지의 빠른 로딩을 위하여 JS 파일과 CSS 파일을 병합하거나 압축된(minified) 형식으로 가져옵니다. 이런 압축 과정은 코드의 가독성은 무시한

저용량화만을 목적으로 합니다. 만약 개발과정 중에 파일 내용의 참조가 필요하다면 이 설정을 추가하여 작업하시기 바랍니다.

true로 설정 시

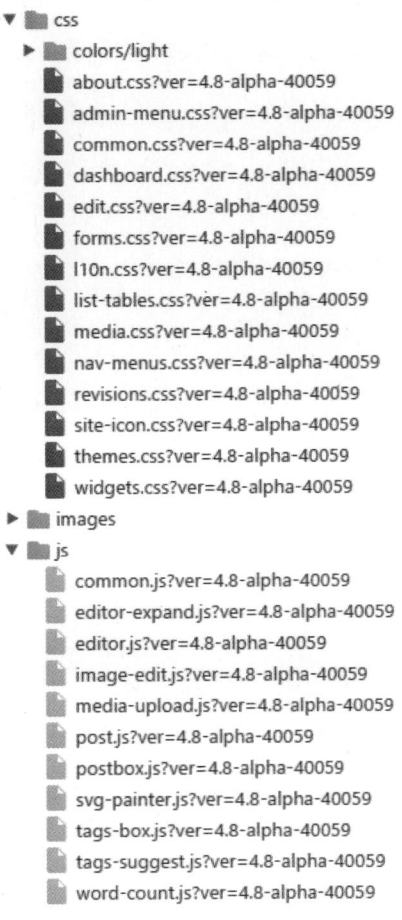

false로 설정 시

- load-scripts.php?c=1&load[]=hoverIntent,common,admin-bar,heartbeat,autosave,suggest,wp-ajax-respons...
- load-scripts.php?c=1&load[]=jquery-core,jquery-migrate,utils&ver=4.8-alpha-40059
- load-styles.php?c=1&dir=ltr&load[]=dashicons,admin-bar,common,forms,admin-menu,dashboard,list-table...
- load-styles.php?c=1&dir=ltr&load[]=media-views&ver=4.8-alpha-40059

SAVEQUERIES : 데이터베이스 SQL Query

```
define( 'SAVEQUERIES', true );
```

사이트 내의 한 페이지를 보여주기 위해서는 수많은 데이터베이스의 정보를 참조하여 화면을 랜더링하게 됩니다. 대부분은 워드프레스 API를 통해 수행되므로 세부적인 SQL 구문을 다룰 필요는 없습니다. API에 의해 가공된 값이 아닌 실제 데이터베이스 값의 추적이 필요한 경우라면 이 설정을 사용합니다. 다른 설정들과 다르게, 외형상으로 변경되는 부분은 없으며, 확인해 보고자 하는 출력이 발생한 후 아래 코드를 이용하여 확인해 볼 수 있습니다.

```
<?php
global $wpdb;
print_r( $wpdb->queries );
?>
```

결과값은 다음과 같은 구성으로 이루어집니다.

인덱스	타입	설명	실제 값(예)
0	string	SQL 구문	SELECT * FROM wp_blogs WHERE domain = 'itssue.co.kr' AND path = '/'
1	float	수행 소요시간	0.00052309036254883
2	string	호출 스택	require('wp-blog-header.php'), require_once('wp-load.php'), require_once('wp-config.php'), require_once('wp-settings.php'), require('wp-includes/ms-settings.php'), get_site_by_path

앞에 소개해드린 설정들은 개발 단계에서만 적용하고, 상용서비스로 전환할 때에는 반드시 제거해야 합니다. 그대로 두면 클라이언트 단이나 서버 단에 부하를 증가시키고, 소스 파일의 경로가 노출되어 보안상의 위험으로 작용할 수 있기 때문입니다.

Cache 플러그인

방문자가 웹페이지 접속 시 서버에서는 그가 요청한 페이지 내용을 생성해 내기 위해 데이터베이스로부터 값을 얻는 작업을 포함하여 수많은 연산이 이루어지게 됩니다. 이러한 연산을 요청 시마다 매번 수행하지 않고, 일정 시간 혹은 일정 조건에 의해 재생성하기 전까지 디스크 혹은 메모리 상에 보존했다가 응답을 주는 것이 캐시 플러그인의 작동 원리입니다.

개발 시에는 코드의 수정을 하고 그 결과를 확인하는 과정을 반복하게 되는데, 이러한 캐싱 기능은 수정한 코드의 확인 작업을 방해하게 됩니다. 캐시 플러그인은 상용서비스로 전환 시 활성화하시기 바랍니다.

드디어 테마 생성

워드프레스가 설치된 폴더 하위에 있는 'themes' 폴더 내에 임의의 폴더를 만들고, style.css 파일과 index.php 파일을 만드는 것만으로도 워드프레스는 그것을 테마로 인식합니다. 이때 모든 php, css, js 파일은 UTF-8포맷으로 저장해야 합니다.

만약 폴더만 생성하고 필수 파일들이 없다면 아래와 같이 친절하게 안내해 줍니다.

망가진 테마들

다음 테마가 설치됐으나 불완전합니다.

이름	설명
test-theme	템플릿이 없습니다. 단독 테마는 `index.php` 템플릿 파일이 있어야 헤더가 있어야 합니다.

워드프레스 themes 폴더 안에 theme-itssue 폴더를 만들어 봅시다. 이때의 폴더명은 theme-itssue가 아닌 다른 이름이라도 무방합니다.

그 폴더에 style.css 파일을 생성하고 다음과 같이(또는 제작의 목적에 부합하도록) 테마를 정의합니다. 워드프레스는 테마 폴더의 이름이 아닌 style.css 파일에서 정의한 Theme Name 항목의 값을 테마의 이름으로 인식합니다.

style.css

```
1   /*
2   Theme Name:    theme-itssue
3   Theme URI:     http://www.itssue.co.kr
4   Description:   잇슈 사이트 테마입니다. 누구나 따라하면 자기만의 테마가 완성됩니다.
5   Author:        itssue
6   Author URI:    http://dab.itssue.co.kr
7   Version:       0.1
8   Tags:          테스트,간단,따라하기
9   */
```

theme-itssue 폴더에 index.php 파일을 만듭니다.

index.php

```
1   <?php
2   /**
3    * index.php - 테마 구성의 필수 파일입니다.
4    *
5    * @package theme-itssue
6    */
7   get_header();
8
9   while( have_posts() ) :
10    the_post();
11  ?>
12    <a href="<?php echo get_permalink(); ?>">
13      <h1><?php the_title(); ?></h1>
14    </a>
```

```
15      <br />
16
17      <?php the_content(); ?>
18
19      <br /><br />
20  <?php
21  endwhile;
22
23  get_footer();
```

코드에 대한 자세한 설명은 다음 장부터 시작합니다. 워드프레스를 멀티로 설치한 경우, 네트워크 관리자에서 생성된 테마를 활성화한 후 테마 생성을 확인할 수 있습니다.

아직 스크린샷을 추가하지 않아 blank 이미지가 나왔지만, style.css에서 입력한대로 출력되는 것을 확인하실 수 있습니다.

이외에도 다양한 추가 설정들이 있으며, 워드프레스에서 활용하진 않지만 테마 제작자에 따라 License, License URI라는 항목으로 저작권 관련 사항을 안내하기도 합니다.

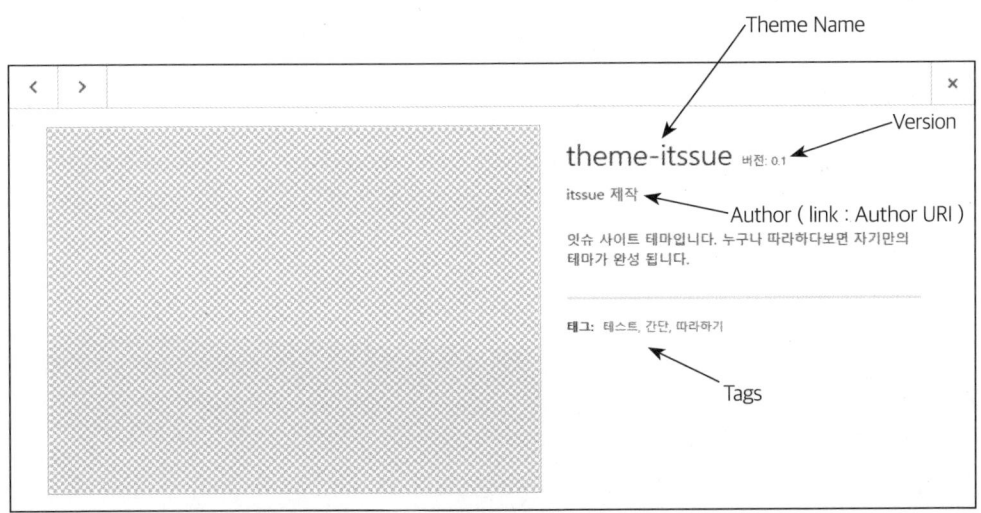

태그	용도
Template	자식 테마 생성 시 부모 테마를 명시
Status	현 테마 상태를 나타냄
TextDomain	언어파일 참조 시 참조할 영역을 명시
DomainPath	언어파일의 폴더 경로

최초 실행

메뉴에서 [알림판 ⇨ 외모 ⇨ 테마]를 선택한 후 위에서 생성한 테마를 활성화합니다.

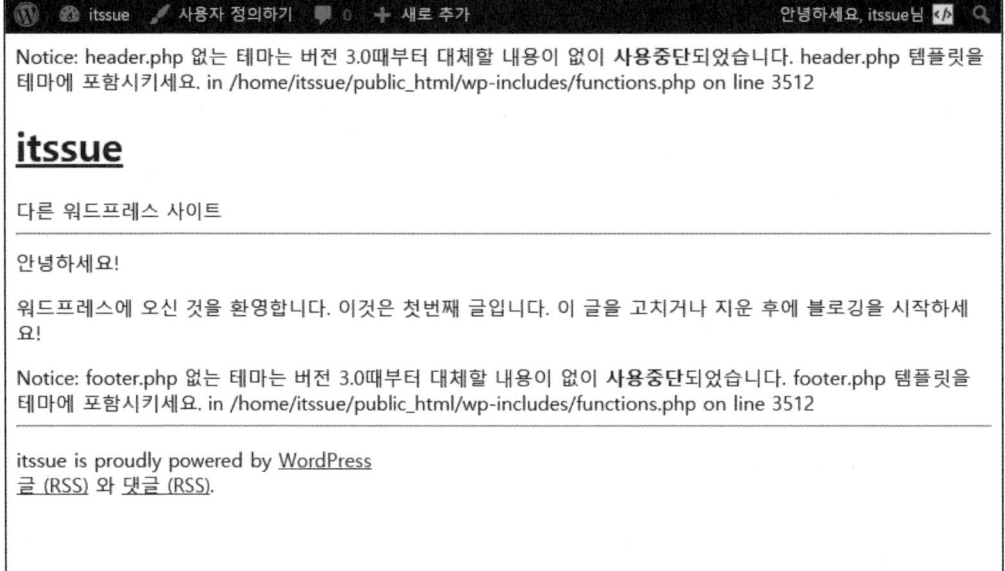

화면 상단과 하단에 오류 메시지가 나오지만, 정상 동작입니다.

워드프레스 3.0 이전 버전까지는 테마 폴더에 'default'라는 테마가 있어, 현재 활성화된 테마에 헤더나 푸터 파일이 존재하지 않는 경우, 이 default라는 테마에 있는 header.php 혹은 footer.php를 차용하여 화면을 출력하였습니다. 3.0 이후 버전부터는 'default'

라는 테마는 사라지고 경고문구를 출력하여, 헤더와 푸터 파일을 만들게끔 유도하고 있습니다.

경고문구대로 아무런 내용없이 header.php와 footer.php를 생성해주고 다시 화면을 보면, 뭔가 허전하지만 경고문구가 없어진 화면을 확인할 수 있습니다. 하지만 '소스보기'로 확인해 보면 기본 html의 구조가 갖춰지지 않은 단순 텍스트만 출력된 상태입니다.

화면 영역 기준으로 본 테마의 구조

일반적인 웹페이지는 대부분 아래의 항목들을 포함하고 있습니다.

	내용	노출	위치
헤더	로고, 메뉴	모든 페이지	상단이나 좌측
본문	페이지 본 내용	페이지마다 다름	대부분 중앙
사이드바	검색, 로그인, 배너 등	페이지별 설정 및 생략 가능	본문의 좌측 혹은 우측
푸터	Copyright, 퀵메뉴, 사이트맵 등	모든 페이지	하단

워드프레스의 파일 구성도 각각의 영역을 담당하는 구성요소로 이루어져 있으며 파일 이름은 다음과 같습니다.

- 헤더 영역 : header.php
- 푸터 영역 : footer.php
- 사이드바 영역 : sidebar.php

각각의 파일을 완성해가면서 아래와 같은 모양의 테마를 만들어보도록 하겠습니다.

다음 정보를 참조하여 책에서 설명하는 파일 이외의 템플릿 구성요소들을 준비하여 작업 환경을 구성하시기 바랍니다. 기본 환경만 받아서 직접 따라해 보실 분은 🅖 base_env 을, 3장 내용이 모두 담겨 있는 소스코드를 원하시면 🅖 chap_03을 이용하세요.

테마 헤더

html 문서의 기본 틀부터 본문의 시작 직전까지 영역을 생성하는 코드를 추가해줍니다. 웹페이지의 타이틀 정보를 제공하고, 렌더링에 필요한 스크립트 및 스타일시트를 불러오는 코드를 추가합니다. 문서 정보와 검색엔진에 제공하기 위한 메타 태그들을 추가해줍니다.

header.php

```php
<?php
/**
 * header.php - 사이트의 공통 부분 중 헤더 부분을 담당하는 템플릿
 *
 * @package theme-itssue
 */

$it_base = get_template_directory_uri();
?>
<!DOCTYPE html>
<html <?php language_attributes(); ?>>
<head>
  <meta charset="<?php bloginfo( 'charset' ); ?>">
  <!-- 웹사이트 타이틀 -->
  <title><?php bloginfo( 'name' ); ?><?php wp_title(); ?></title>
  <!-- /웹사이트 타이틀 -->

  <!-- head 태그에서 할 일 -->
  <?php
  wp_enqueue_style( 'style-css', $it_base. '/style.css' );
  ?>
  <!-- /head 태그에서 할 일 -->
  <?php wp_head(); ?>
</head>

<body <?php body_class(); ?>>
  <!-- 메인 백그라운드 이미지 -->
  <img src="<?php echo $it_base; ?>/images/main-bg.jpg"
    class="main-bg" alt="메인 백그라운드 이미지" />
  <!-- /메인 백그라운드 이미지 -->
```

```
31
32          <div class="wrapper bg-fff">
33            <header>
34              <div class="site-logo">
35                <!-- 로고 이미지 -->
36                <a href="<?php bloginfo( 'url' ); ?>" title="HOME">
37                  <img src="<?php echo $it_base; ?>/images/logo.png"
38                    alt="로고 이미지" />
39                </a>
40                <!-- /로고 이미지 -->
41              </div><!-- .site-logo -->
42              <div class="site-branding">
43                <h1 class="site-title">
44                  <a href="<?php bloginfo( 'url' ); ?>" title="HOME">
45                    <?php bloginfo( 'name' ); ?>
46                  </a>
47                </h1>
48                <p class="site-description">
49                  <?php bloginfo( 'description' ); ?>
50                </p>
51              </div>
52
53              <!-- 추가 로고 이미지 -->
54              <img src="<?php echo $it_base; ?>/images/logo-extra.png"
55                alt="추가 로고 이미지" class="logo-extra" />
56              <!-- /추가 로고 이미지 -->
57
58              <div class="header-right">
59                <!-- 사이트 연락처 -->
60                dev@itssue.co.kr
61                <!-- /사이트 연락처 -->
62              </div><!-- .header-right -->
63
64              <div class="clear"></div>
65
66              <!-- 메뉴 영역 -->
67              <div id="main-menu">
68                <?php
69                wp_nav_menu( array(
70                  'theme_location'  => 'primary',
71                  'container'       => 'nav',
72                  'container_class' => 'normal',
73                ) );
```

```
74              ?>
75          </div><!-- #main-menu -->
76          <!-- /메뉴 영역 -->
77      </header>
78
79      <div class="wrapper-inner">
80          <div class="main-content">
```

일반적인 홈페이지의 구성인, 모든 페이지에서 공통적으로 사용될 스크립트 및 스타일시트를 링크하고 메인 메뉴를 출력한 후 메인 콘텐트 영역을 여는 태그까지만 포함합니다.

get_template_directory_uri()

테마가 위치한 경로의 URL 주소를 얻을 수 있습니다. 예) http://dab.itssue.co.kr/wp-content/themes/theme-itssue

스크립트나 스타일시트의 주소는 웹사이트의 도메인, 서버상 설치 경로에 따라서 달라질 수 있습니다. 이 함수와 조합하여 URL을 지정하면 변경이 발생하더라도 소스코드의 수정 없이 일관성을 유지할 수 있습니다.

여러 가지 외부 파일을 불러오는 때에 기준이 되는 위치로 자주 사용되는 값이기에 8행에서 별도의 변수로 선언하였습니다.

language_attributes($doctype)

구분	기본 값	설명
$doctype	'html'	Document type을 지정('html', 'xhtml')

문서 종류에 따른 주 언어 속성을 출력합니다. 아랍어와 같은 rtl(Right-to-left:오른쪽에서 왼쪽으로 읽어나가는) 언어의 경우 dir 속성을 추가로 출력합니다. 예) lang="ko_KR"

bloginfo($show)

구분	기본 값	설명
$show	''	사이트 정보

사이트 설정 중 $show에서 넘겨주는 '질의'에 해당하는 값을 출력해줍니다. 사용 가능한 질의는 다음과 같으며, 해당하는 내용이 없는 경우 'name'을 입력했을 경우의 결과 값을 출력합니다.

질의	결과	관련 설정 및 예
url	워드프레스가 설치된 경로 주소*	[알림판 ⇨ 설정 ⇨ 일반 ⇨ 사이트 주소] 예) http://dab.itssue.co.kr
wpurl	워드프레스 주소	[알림판 ⇨ 설정 ⇨ 일반 ⇨ 워드프레스 주소] 예) http://dab.itssue.co.kr
description	사이트 설명	[알림판 ⇨ 설정 ⇨ 일반 ⇨ 태그라인] 예) 답 잇슈
rdf_url rss_url rss2_url atom_url comments_atom_url comments_rss2_url	사이트 콘텐트 정보의 갱신을 알리기 위한 피드 주소	[알림판 ⇨ 설정 ⇨ 고유주소 ⇨ 일반설정]에 따라 다름 예) http://dab.itssue.co.kr/feed/
pingback_url	핑백을 위한 주소	설정 없음 예) http://dab.itssue.co.kr/xmlrpc.php
stylesheet_url	스타일시트 주소	테마 설치 경로 예) http://dab.itssue.co.kr/wp-content/themes/theme-itssue/style.css
stylesheet_directory	스타일시트의 경로 주소	테마 설치 경로 예) http://dab.itssue.co.kr/wp-content/themes/theme-itssue
template_directory template_url	테마 경로의 주소	테마 설치 경로 예) http://dab.itssue.co.kr/wp-content/themes/theme-itssue
admin_email	관리자 이메일 주소	[알림판 ⇨ 설정 ⇨ 일반 ⇨ 이메일 주소] 예) dev@itssue.co.kr
charset	문자 인코딩**	멀티사이트에서만 수정 가능 예) UTF-8

html_type	HTTP헤더의 content-type***	멀티사이트에서만 수정 가능 예) text/html
version	워드프레스 버전	설정 없음 예) 4.7
language	언어설정	[알림판 ⇨ 설정 ⇨ 일반 ⇨ 사이트 언어] 예) ko-KR
name	사이트 제목	[알림판 ⇨ 설정 ⇨ 일반 ⇨ 사이트 제목] 예) dab itssue

* 워드프레스를 document root에 설치하지 않고 하위 경로에 설치한 경우, 그 경로까지 포함한 주소 입니다. 예) http://dab.itssue.co.kr/wp

** 워드프레스는 기본적으로 UTF-8 인코딩을 사용합니다. 변경을 권장하지 않으며, 부득이하게 과거 euc-kr 등으로 작성된 콘텐트의 이전 시 마이그레이션 과정에서 UTF-8로 변환 후 이전하시기 바랍니다.

*** 웹사이트에서 보내주는 html의 MIME 값 선언으로 특별한 경우가 아니면 변경없이 사용하시기 바랍니다.

wp_title($sep, $display, $seplocation)

구분	기본 값	설명
$sep	'»' ('»'를 나타내는 html 코드)	사이트 제목과 현재 페이지 제목 사이에 구분자로 사용할 문자
$display	true	값이 있으면 결과 출력, 없거나 false이면 결과 반환
$seplocation	'right'	출력 될 제목 위치로, 'right'이면 구분자의 오른쪽 그 외에는 왼쪽

현재 페이지의 속성에 따라 아래와 같은 결과를 출력 및 반환합니다.

- 글 / 포스트 / 카테고리 / 태그 : 해당 제목
- 아카이브 : 해당 아카이브의 년/월/일 정보

- 검색 : '검색 결과'와 검색어
- 404페이지 : '페이지가 없습니다.'

보통은 소스코드에서와 같이 사이트 제목과 조합하여 주로 사용합니다. 웹페이지의 title 태그는 검색엔진 최적화 관련하여 상당히 중요하게 작용합니다.

wp_enqueue_script($handle, $src, $deps, $ver, $in_footer)

구분	기본 값	설명
$handle	없음(필수)	스크립트를 식별할 유일한 값
$src	false	스크립트 URL
$deps	array()	의존하는 스크립트 핸들
$ver	false	버전 정보
$in_footer	false	푸터에서 처리

웹페이지와 연결된 스크립트 파일의 안전한 로딩과 체계적인 관리를 가능하게 해줍니다.

$handle : 스크립트 파일의 식별자로 의존성 확인 및 동일한 스크립트의 중복된 링크를 막아주는 식별자로 사용됩니다.

$src는 일반적인 URL 형태로 스크립트 파일의 주소를 입력합니다. get_template_directory_uri() 등의 함수와의 조합으로 사이트의 URL 변경과 무관하게 일관된 상대경로를 유지할 수 있습니다.

$deps는 스크립트가 의존성을 가질때(예: 작성한 스크립트가 jQuery를 이용하게끔 제작되었을때) 의존하는 스크립트가 링크되지 않은 경우 먼저 의존하는 스크립트의 링크 정보를 생성하고, 만약 존재하지 않는 스크립트라면(의존성을 만족할 수 없는 경우라면) 현재 $src에서 지정된 스크립트 정보도 추가되지 않습니다.

$ver에 지정된 버전정보를 덧붙여 링크 정보를 생성해주며, 생략 시 기본적으로 워드프레스의 버전 정보를 덧붙여 줍니다. 웹브라우저의 캐싱 기능으로 인해 같은 URL의 파일인 경우, 페이지 갱신 시 이미 저장된 파일을 사용하여 페이지를 랜더링하는데, 이 버전 정보를 수정하여 재 전송을 강제화하는 데 이용할 수 있습니다.

워드프레스의 wp_enqueue_script() 함수는 호출된 시점에서는 아무일도 발생하지 않으며 내부 데이터 구조로 설정만 가지고 있다가 wp_head() 혹은 wp_footer()를 만나야 비로소 실제 출력이 됩니다. 따라서 wp_head() 이전에 추가된 스크립트들은 wp_head()에서, 그 이후 추가된 스크립트들은 wp_footer()에서 출력이 됩니다. $footer의 값이 true이면 wp_head() 이전에 추가된 스크립트라고 하더라도 wp_footer()에서 출력 되게끔 만들어 줍니다. 간혹 스크립트의 로딩 시점이 웹페이지 동작에 영향을 미치는 경우 브라우저로 하여금 html의 후미에서 해석하게 하는 용도로 사용되며 로그인하면 볼 수 있는 어드민바가 이렇게 설정되어 있습니다. 이러한 동작 방식으로 인해 wp_head() 이후에 추가된 스크립트는 이 값이 변경되더라도 달라지는 점이 없습니다.

```
1   wp_enqueue_script( 'common-js',
2       get_template_directory_uri(). '/js/common.js',
3       array( 'jquery' ) );
```

위 코드는 아래와 같이 변경되어 출력됩니다.

```
<script type="text/javascript" src="http://dab.i-lab.kr/wp-content/themes/theme-itssue/js/common.js?ver=4.7"></script>
```

wp_register_script()로 사전에 등록이 된 스크립트의 경우 간단히 $handle 값만 지정해 주어도 링크 정보가 생성됩니다.

```
1   wp_register_script( 'common-js',
2     get_template_directory_uri(). '/js/common.js', array( 'jquery' ) );
3   wp_enqueue_script( 'common-js' );
```

wp_enqueue_script()와 파라메터 구성은 동일합니다.

wp_enqueue_style($handle, $src, $deps, $ver, $media)		
구분	기본 값	설명
$handle	없음(필수)	스타일시트를 식별할 유일한 값
$src	false	스타일시트 URL
$deps	array()	의존하는 스타일시트 핸들
$ver	false	버전 정보
$media	'all'	적용 미디어 지정

스크립트 링크 정보를 생성해 주는 wp_enqueue_script() 함수와 유사하며 스타일 시트를 제어한다는 것만 다르니 그 외의 차이점만 설명합니다.

$media에는 스타일시트의 링크 정보 생성 시 해당 스타일시트가 적용될 미디어 타입(예: 'all', 'print', 'screen')이나 해상도에 따라 다른 결과를 위한 미디어 쿼리(예: '(min-width: 320px)')를 지정할 수 있습니다.

헤더에서, 혹은 푸터에서 출력하는 설정은 없으며, 스크립트의 경우와는 다르게 $handle로 지정한 값을 id로 가지는 링크정보를 생성합니다.

소스코드 20행의 해당 구문은 아래와 같이 변경되어 출력됩니다.

```
<link rel="stylesheet" id="style-css-css" href="http://wp.i-lab.kr/wp-content/themes/theme-itssue/style.css?ver=4.7" type="text/css" media="all">
```

wp_head()

head 태그 내에 필요한 정보를 출력하는 함수로 스크립트와 스타일시트 링크 정보 및 해당 페이지와 관련된 각종 메타 태그를 생성합니다.

실제 함수의 구현부는 단지 'wp_head' 액션을 수행하는 것으로, 워드프레스는 일반적인 웹페이지 생성 시 기본적으로 20여 가지의 액션을 수행합니다. 반드시 '</head>' 태그 이전에 수행하여야 한다는 점을 주의하시기 바랍니다.

body_class($class)

구분	기본 값	설명
$class	''	추가할 css 클래스

현재 보여지는 웹 페이지와 관련된 css 클래스들을 주어진 $class와 병합하여 body 태그의 css 클래스 속성 인자로 출력해 줍니다. 워드프레스가 제공하는 css 클래스들을 둘러보기 위해, 사이트의 이곳 저곳을 돌아다니며, body 태그가 갖는 css 클래스명을 확인해 보시기 바랍니다. 특정 페이지에서 간단한 효과를 원하신다면 여기서 출력해주는 클래스명을 이용 가능합니다.

예) 정적 페이지인 경우, 배경색을 다르게 지정하려면 다음 css 구문으로 가능합니다.

```
body.page {
  background-color: #f3f3f3;
}
```

wp_nav_menu($args)

구분		기본 값	설명
$args	'menu'	''	사용할 메뉴의 아이디
	'menu_class'	'menu'	최상단 태그의 css 클래스
	'menu_id'	''	최상단 태그의 아이디
	'container'	'div'	메뉴 컨테이너 html 태그
	'container_class'	''	메뉴 컨테이너 css 클래스
	'container_id'	''	메뉴 컨테이너 아이디

'fallback_cb'	'wp_page_menu'	지정된 메뉴가 없을때 수행될 함수
'before'	''	메뉴 각 링크의 선행 html 구문
'after'	''	메뉴 각 링크의 후행 html 구문
'link_before'	''	메뉴 각 링크 텍스트의 전치 문자열
'link_after'	''	메뉴 각 링크 텍스트의 후치 문자열
'echo'	true	화면출력 여부
'depth'	0	메뉴 표현 단계
'walker'	''	메뉴구조 순환을 담당할 워커 클래스
'theme_location'	''	사용할 메뉴 위치
'items_wrap'	'<ul id="%1$s" class="%2$s">%3$s</ul>'	메뉴 최상단 html 구문

외모 ⇨ 메뉴에서 설정된 메뉴를 지정된 형식에 맞게 출력/반환을 해줍니다.

'menu'를 설정하여 특정 메뉴를 지정합니다. 메뉴의 아이디(term_id) 이외에 슬러그나 이름을 통해서도 가능합니다. 'menu_class'와 'menu_id'는 'items_wrap'과 맞물려서 동작합니다. 'items_wrap'에서 지정한 문자열의 '%1$s'는 'menu_id'로, '%2$s'는 'menu_class'로 대체되고, '%3$s'는 메뉴항목을 나열하는 li 태그 구조로 대체됩니다. 'container'도 마찬가지로 'container_class', 'container_id'와 함께 전체 메뉴 구조를 감싸는 컨테이너 태그와 아이디, css 클래스를 지정해줍니다.

'fallback_cb'는 'menu'나 'theme_location'에서 지정한 메뉴가 존재하지 않을때 실행되는 함수로 false로 설정하면 아무런 동작도 하지 않습니다. 기본 값으로 지정된 'wp_page_menu'는 발행된 정적 페이지들로 가는 링크로 메뉴를 구성해 주는 함수입니다. 'before'와 'after'는 a 태그로 구성된 메뉴 링크의 각각 앞과 뒤에 덧붙여주는 문자열로, 주로 링크를 다른 태그로 더 감싸줄 필요가 있을때 사용합니다.

'link_before'와 'link_after'는 a 태그 내부, 링크 문자열의 앞과 뒤에 덧붙여주는 문자열로, 주로 링크 문자열을 조작할 필요가 있을 때 태그를 추가하기 위해 사용합니다. 'echo'가 true이면 메뉴 구조를 나타내는 html을 출력하고, false이면 반환을 합니다. 'depth'는 메뉴 구조 중 몇 단계까지 표현할지를 지정하는 값으로, 기본 값인 0으로 지정하면 제한 없이 전체 메뉴를 모두 나타냅니다.

'walker'는 메뉴 구조를 순환하면서 html 태그를 구성해주는 워커 클래스를 지정해 줍니다. 아무런 값도 지정되지 않으면 워드프레스가 기본 제공하는 'Walker_Nav_Menu' 클래스가 사용됩니다. 'theme_location'은 다음 장에 살펴볼 register_nav_menu() 함수를 사용하여 등록한 위치를 지정합니다.

> **주의하세요**
>
> wp_nav_menu() 호출 시 메뉴를 지정하기 위해 설정할 수 있는 항목은 'menu'와 'theme_location' 두 가지가 있습니다. 두 가지 모두 설정한 경우 'menu'의 설정이 우선합니다. 'menu'를 설정하여 메뉴를 지정한다면, register_nav_menu()를 통한 등록절차 없이 바로 특정 메뉴를 불러올 수 있지만, 값으로 주어야 할 메뉴의 아이디나 슬러그 등은 사용자의 입장에서 파악하기 힘들고, 메뉴를 등록하는 시점에 동적으로 결정되는 항목이기 때문에 사용자 편의성을 고려했을 때에는 지양해야 할 방법입니다. 'theme_location'으로 지정하면, 관리자 화면에서도 메뉴의 위치를 직관적으로 확인하면서 설정이 가능합니다. 부득이한 경우가 아니라면 메뉴의 지정은 register_nav_menu()로 등록 후 'theme_location'을 사용하시기 바랍니다.

테마 함수

테마의 화면과 직결되는 파일은 아니나 기능을 담당하는 각종 함수들이 위치하는 파일입니다. 따로 불러들일 필요없이 워드프레스가 자동으로 불러들이는 파일로 테마 구성 파일 중 가장 용량이 큰 것이 보통이나 여기에서는 현재 이 단원에서 살펴볼 내용에서 필요한, 메뉴를 위한 등록 기능만 수행하도록 하겠습니다.

functions.php

```
1   <?php
2   /**
3    * function.php - 기능 구현을 담당하는 파일입니다.
4    *
5    * @package theme-itssue
6    */
7
8   register_nav_menu( 'primary', '메인 메뉴' );
```

register_nav_menu($location, $description)

구분	기본 값	설명
$location	없음(필수)	위치를 식별하는 유일한 값
$description	없음(필수)	위치를 나타내는 문자열

메뉴를 등록합니다. 사용하고자 하는 메뉴는 이와같이 먼저 등록을 해야지만 사용할 수 있습니다.

$description은 알림판 ⇨ 외모 ⇨ 메뉴의 '위치 관리하기'탭의 '테마 위치' 항목으로 사용됩니다.

테마 푸터

메인 콘텐츠 영역을 닫아주고 고정적으로 수행되는 사이드바나 푸터 메뉴 등을 처리해 줍니다.

footer.php

```php
<?php
/**
 * footer.php - 사이트의 공통 부분 중 푸터 부분을 담당하는 템플릿
 *
 * @package theme-itssue
 */
?>
      </div><!-- .main-content -->
      <!-- 사이드바 -->
      <!-- /사이드바 -->

    </div><!-- .wrapper-inner -->

    <footer>
      <div class="footer-inner">
        <h4 class="footer-co-name">사이트명을 넣어주세요.</h4>

        <a href="#" title="오시는 길">
          <address>주소를 넣어주세요.</address>
        </a>

        <div class="footer-copyright">
          Copyright을 넣어주세요.
        </div><!-- .footer-copyright -->
      </div><!-- .footer-inner -->
    </footer>
  </div><!-- .wrapper -->
  <?php wp_footer(); ?>
</body>
</html>
```

wp_footer()

wp_head()에서 수행되지 못한 스크립트나 스타일시트 파일을 링크하고 로그인했을 때 보이는 어드민바 수행 스크립트를 링크합니다. 실제 구현은 'wp_footer' 액션의 수행입니다.

참조 : 루프(Loop)

루프란 둥그런 고리 모양을 뜻하는 말로, 순환/반복의 의미입니다. 워드프레스에서 루프란 사용자가 요청한 웹 페이지의 콘텐트를 제공하기 위해 데이터베이스로 부터 얻는, 일련의 콘텐트들을 순환/반복하면서 정보를 제공하는 역할을 하는 코드 블럭을 의미합니다. 이 루프는 반복 횟수를 제어하는 코드와 콘텐트의 각종 정보들을 표현하는 코드들로 구성됩니다.

```
1    if ( have_posts() ) {
2      while( have_posts() ) {
3        the_post();
4        // 콘텐트 출력
5      }
6    } else {
7      // 출력할 콘텐트 없음
8    }
```

루프를 이루는 일반적인 코드의 구성입니다.

1행에서 출력할 콘텐트가 있는지 확인하고 본격적인 루프로 진입하고, 콘텐트가 없는 경우 7행으로 이동하여 콘텐트가 없다는 안내 문구등을 출력 후 다음으로 진행합니다. 2행부터 5행을 순회하면서 제목과 본문 내용 등을 출력하는데, 여기서 이상한 점은 사용되는 함수들이 파라메터가 전혀 없습니다.

워드프레스는 내부적으로 여러가지 전역 변수를 운용하면서, 어느 곳에서든 접근 가능한 편의성을 제공하는데, 위 코드에서와 같이 파라메터가 없는, 혹은 생략 가능한 함수들이 주로 이러한 전역 변수를 통해서 수행됩니다.

위 코드의 경우 WP_Query 클래스 $wp_query와 WP_Post 클래스 $post가 관여합니다 (실제로는 작성자, 작성일 등을 위한 더 많은 전역 변수가 사용되나, 내용의 이해를 위해 필요한 두 가지 기준으로만 설명합니다). 사용자가 주소창에 특정 주소를 입력하면, 워드프레스는 이 요청을 분석하여 그에 상응하는 정보를 얻어 $wp_query를 준비합니다.

have_posts()의 호출 결과로 루프를 수행할지 판단하고, the_post()가 수행되면, $wp_query가 가진 정보를 이용하여 글을 나타내는 $post를 준비하고, $wp_query는 다음 글을 가리키도록 설정됩니다. the_post()가 수행된 이후에는 비로소 전역 $post 변수를 이용하는 함수들이 이용가능하고(the_title(), the_content(), the_date() 등), 이러한 함수들을 이용하여 화면에 각 정보를 출력합니다.

루프를 이해하고 콘텐트를 적절하게 출력하기 위해서는 전역 변수들의 내부적인 운용 내용과, 그 변수가 사용가능해지는 시점 등에 대한 이해가 필요합니다.

메인 인덱스 템플릿

앞 단원에서 작성했던 파일을 그대로 사용하겠습니다. 워드프레스는 모든 글이나 페이지의 메인 콘텐트를 index.php에서 처리합니다. (아직까지는 그렇습니다.)

먼저 헤더를 불러오고 WP_Query 루프를 순환하면서 본문을 출력해줍니다. 본문 내용에서는 제목과 그 글만을 볼 수 있는 링크를 제공해주고 글쓴이 정보나 태그 정보 등을 출력해줍니다. 끝으로 푸터를 불러와 전체 html을 마무리합니다.

get_header($name)

구분	기본 값	설명
$name	null	헤더 명칭

$name이 주어지면 header-{$name}.php 파일이 있을경우 이 파일의 내용을 출력하고 값이 없거나 해당 파일이 없으면 header.php 파일의 내용을 출력합니다.

have_posts()

보여줄 포스트가 있는 경우 true, 더 이상 없으면 false를 반환해 줍니다. 루프를 순환하는 횟수를 제한해 주기 위해 조건을 만족하는 경우에만 수행합니다.

the_post()

전역 WP_Query 객체의 콘텐트 목록 내에서 다음 콘텐트로 이동합니다. 글과 관련된 전역 함수들이 사용 가능하도록 설정됩니다.

get_permalink($post, $leavename)

구분	기본 값	설명
$post	0	주소를 얻고자 하는 콘텐트의 아이디나 WP_Post객체
$leavename	false	글의 슬러그 부분 처리 여부

현재 참조중인 전역 $post 또는 특정 글의 고유주소를 얻기위해 사용합니다.

$post에 글의 아이디나 WP_Post 객체가 주어지면 해당 글의 고유주소를, 생략하면 전역 $post 객체글의 고유주소를 반환합니다.

$leavename이 true이면 고유주소에서 글의 슬러그 부분을, 포스트는 '%postname%'으

로 정적 페이지는 '%pagename%'로 남겨둔 채 반환합니다. 얻어온 주소에서 글의 슬러그 부분의 특별한 처리가 필요한 경우 사용합니다. 고유주소에서 글 이름이 사용되지 않는 경우(예: 고유주소-'기본'으로 설정 시)에는 영향을 받지 않습니다.

the_content($more_link_text, $strip_teaser)

구분	기본 값	설명
$more_link_text	null	'더 보기' 문자열
$strip_teaser	false	noteaser 효과 여부

전역 $post를 참조하여 본문을 출력합니다.

$more_link_text가 설정되지 않으면 기본 문자열 '(더 보기…)'가 사용됩니다. $strip_teaser를 true로 설정하면 '<!--more-->'와 '<!--noteaser-->'를 함께 사용한 효과를 냅니다. 이 경우, '(더 보기…)' 클릭으로 페이지를 보여줄 때 '<!--more-->' 태그 이전의 내용은 출력하지 않습니다.

get_footer($name)

구분	기본 값	설명
$name	null	푸터 명칭

$name이 주어지면 footer-{$name}.php 파일이 있을 경우 이 파일의 내용을 출력하고 값이 없거나 해당 파일이 없으면 footer.php 파일의 내용을 출력합니다.

여기까지 파일을 작성한 후 몇 가지 메뉴를 추가해주시면 다음과 같은 화면을 보실 수 있습니다.

사이드바

사이드바란 워드프레스의 위젯이 위치할 수 있는 영역으로 메인 콘텐트와는 약간 거리가 있는 정보를 보여주기 위한 영역입니다. 주로 최근 게시글이나 댓글, 인기글 등의 해당 웹사이트와 관련된 내용이나 광고를 위한 영역으로도 주로 사용됩니다.

위치는 본문의 왼쪽이나 오른쪽, 혹은 하단에 횡으로 전체영역을 차지하기도 하고, 복수 개의 영역이 동시에 사용되기도하며, 웹사이트 레이아웃 디자인의 큰 요소로 작용합니다. 사이드바에 적재할 위젯은 알림판 ⇨ 외모 ⇨ 위젯에서 손쉽게 드래그앤드롭으로 선택/적용할 수 있습니다.

이 책에서 제작중인 테마는 아직 위 메뉴가 보이지 않는데, 위젯 사용을 위한 사이드바는 먼저 등록이 되어 있어야 사용 가능해집니다. 먼저, 워드프레스에게 사이드바를 사용하겠다고 등록을 먼저 해보겠습니다. functions.php 파일에 다음 내용을 추가해주세요.

functions.php

```
1   ...
2   function it_main_sidebar() {
3    register_sidebar( array(
4      'name' => '기본 사이드바',
5      'id' => 'main-sidebar',
6      'description' => '기본 사이드바입니다.',
7    ) );
8   }
9   add_action( 'widgets_init', 'it_main_sidebar' );
```

register_sidebar($args)

구분		기본 값	설명
$args 기본 값: array()	'name'	"사이드바 n"	사이드바 명칭. n는 1부터 증가
	'id'	"sidebar-n"	사이드바 아이디. n는 1부터 증가
	'description'	''	사이드바 설명
	'class'	''	사이드바에 지정할 추가 CSS 클래스
	'before_widget'	`<li id="%1$s" class="widget %2$s">`	각 위젯 영역 오프닝 HTML
	'after_widget'	`</li>\n`	각 위젯 영역 클로징 HTML
	'before_title'	`<h2 class="widgettitle">`	각 위젯 타이틀 오프닝 HTML
	'after_title'	`</h2>\n`	각 위젯 타이틀 클로징 HTML

'name'이나 'id'는 생략 시 뒤에 숫자가 붙은 명칭 및 아이디가 자동으로 생성됩니다. 이 숫자는 '현재 등록된 사이드바의 갯수 + 1'의 값으로 충돌을 피하게 자동 지정 되지만, 'id'를 생략하면 디버그 모드에서는 'id'가 설정되지 않았다는 경고를 볼 수 있습니다.

'description'은 사이드바에대한 설명으로 위젯 설정화면에서 위 'name'의 아래부분에 작은 폰트로 출력됩니다.

'class'가 주어지면 관리자 화면의 위젯 설정 화면에서 등록한 사이드바 영역을 생성 시,

주어진 문자열앞에 'sidebar-'를 덧붙여 클래스명을 추가해줍니다. 관리자화면에서 해당 영역의 특별한 제어가 필요할때 이 클래스를 이용하여 작업을 수행할 수 있습니다.

'before_widget'은 각 위젯 영역의 시작 태그로 %1$s는 위젯의 아이디를, %2$s는 위젯의 클래스로 대치되어 출력됩니다. 'before_title'과 'after_title'는 위젯 설정 중 '타이틀' 항목에 덧붙일 앞 뒤 문자열로, 관리자 화면에서 '타이틀'이 입력되지 않으면 사용되지 않습니다.

이제 비로소 알림판 ⇨ 외모 ⇨ 위젯이 활성되고 위젯을 설정할 수 있습니다.

위젯 몇 가지를 추가한 후, 이제 사용자 화면에서도 사이드바가 나오도록 해보겠습니다. 먼저 작성한 푸터에서 사이드바를 불러오도록 다음 코드를 footer.php에 추가합니다.

footer.php

```
1  <!-- 사이드바 -->
2  <?php get_sidebar(); ?>
3  <!-- /사이드바 -->
```

get_sidebar($name)

구분	기본 값	설명
$name	null	사이드바 명칭

$name이 주어지면 sidebar-{$name}.php 파일이 있을경우 이 파일의 내용을 출력하고 값이 없거나 해당 파일이 없으면 sidebar.php 파일의 내용을 출력합니다.

sidebar.php

```
1   <?php
2   /**
3    * sidebar.php - 사이트의 공통 부분 중 사이드바 부분을 담당하는 템플릿
4    *
5    * @package theme-itssue
6    */
7   ?>
8   <?php if ( is_active_sidebar( 'main-sidebar' ) ) : ?>
9     <div class="main-sidebar">
10      <?php dynamic_sidebar( 'main-sidebar' ); ?>
11    </div>
12  <?php endif; ?>
```

is_active_sidebar($index)

구분	기본 값	설명
$index	없음(필수)	사이드바 아이디 문자열이나 숫자 인덱스

$index로 주어진 사이드바가 활성화 상태이면 true를 그렇지 않으면 false를 반환합니다.

register_sidebar()에서 아이디 지정 없이 자동으로 생성된 아이디를 가진 사이드바의 경우(예:sidebar-1, sidebar-2…) 숫자 부분만 지정해 주어도 인식하며, 보통의 경우 아이디 문자열을 지정해 줍니다. 사이드바는 등록을 했더라도 그 사이드바에 추가된 위젯이 없다면 false를 반환합니다.

플러그인에서 등록된 사이드바를 테마에서 활용하거나, 사이드바에 아무 위젯도 등록되지 않은 상황이 발생할 수 있으니, 꼭 체크를 먼저 해보고 사이드바 템플릿의 내용을 수행 하시기 바랍니다.

dynamic_sidebar($index)

구분	기본 값	설명
$index	1	사이드바 아이디 문자열이나 숫자 인덱스

해당 사이드바에 추가된 위젯을 출력합니다. is_active_sidebar()와 마찬가지로 숫자가 입력된 경우 자동생성된 아이디를 가진 사이드바의 지정이 가능합니다.

사용자 화면을 보시면 사이드바 영역이 생성된 것을 확인할 수 있습니다.

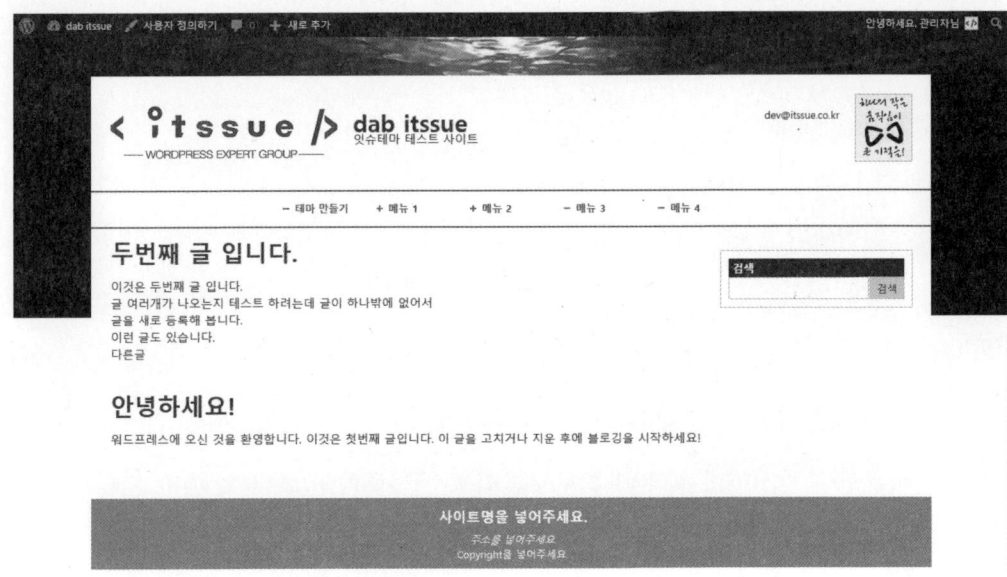

참조 : 액션과 필터 - 훅(hook)

워드프레스가 제공하는 API는 방대한 양의 라이브러리로 2천8백개가 넘는 함수를 제공하고 있습니다. 개발자들은 이 함수들을 데이터베이스에 직접 접근 없이 글의 제목을 얻어온 다거나, 이미지 업로드 시 썸네일을 생성하는 등, 복잡한 절차의 일도 간단히 처리할 수 있습니다. 하지만 이렇게 훌륭한 라이브러리라 할지라도, 모든 이의 요구사항을 충족할 순 없으며 모든 상황에 대입되는 API를 제공할 순 없습니다.

워드프레스가 제공하지 않는 기능을 구현하기 위해 워드프레스 혹은 php가 제공하는 API들을 이용하여 자신만의 함수나 라이브러리를 구축하기도 합니다. 때로는 워드프레스가 제공하는 기능이긴 하나 자신이 원하는 수행을 위해서 약간의 수정만이 필요한 경우도 있습니다. 이를 수용할 수 있도록 워드프레스 API들은 파라메터를 통해 상당히 세세한 부분까지 설정할 수 있는 여지를 두고 있지만 이 또한 완벽할 순 없습니다.

이런 경우 기존의 라이브러리 또는 솔루션들은 콜백 함수 개념을 사용하여 개발자로 하여금 개입할 수 있도록 확장성을 마련해둡니다. 워드프레스는 이에 더 고도화된 형태인 액션과 필터라는 훅을 제공합니다.

훅은 결국 콜백 함수이다

훅이란 글자 그대로, 일련의 처리 과정 중 특정 부분에 갈고리를 걸어 놓고, 수행 시 개발자가 원하는 다른 별도의 처리 과정을 거치도록 하는 매카니즘을 말합니다. 콜백 함수가 한 개의 개입 포인트만을 제공할 수 있었다면, 워드프레스는 수행할 훅의 목록을 내부적으로 배열형태로 관리하여 사용자가 더하거나 뺄 수 있고, 수행의 우선순위 또한 지정할 수 있습니다. 다시 말하면 워드프레스의 훅은 내부에 콜백 함수들의 목록을 유지하였다가 순차적으로 호출하는 편리한 도구입니다.

훅을 등록하는 방법을 알아보겠습니다.

`add_action( $tag, $function_to_add, $priority, $accepted_args )`

`add_filter( $tag, $function_to_add, $priority, $accepted_args )`

구분	기본 값	설명
$tag	없음	훅 명칭
$function_to_add	없음	콜백 함수명
$priority	10	수행 우선순위
$accepted_args	1	파라메터의 수

$tag는 일종의 아이디와 같은 개념으로, 훅을 구분할 명칭입니다. $function_to_add는 $tag에 해당하는 훅의 수행 시 호출될 콜백 함수명입니다. $priority는 수행 우선순위인데 낮은 숫자가 더 높은 우선순위를 가지고(먼저 수행되고), 동일한 우선순위일 때는 먼저 등록한 훅이 먼저 수행됩니다.

$accepted_args는 $function_to_add로 지정한 콜백 함수의 호출 시 전달될 파라메터의 숫자를 지정합니다. 이 값은 훅에 따라 달라지므로 사용하고자 하는 훅에 따라 알아둘 필요가 있습니다.

워드프레스의 훅에는 액션과 필터, 두 가지가 있는데 사실은 동일한 동작을 수행합니다. 등록하는 함수의 형태도 같고, 실제로 add_action은 add_filter를 호출합니다. 단지, 훅을 위한 콜백 함수의 구현 시 필터는 반환 값이 있지만 액션은 반환 값이 없다는 것만 차이점입니다. 이러한 차이점 때문에 사용 용도와 콜백 함수의 구현이 서로 달라지게 됩니다.

헤더파일에서 사용했던 wp_head()의 호출은 실제로 'wp_head' 액션을 수행합니다. head 태그 사이에서 수행되는 액션으로 메타 태그를 추가하기에 적절한 액션입니다.

다음 두 코드 조각을 시험 삼아 추가하여 액션과 필터가 어떻게 동작하는지 확인해보시기 바랍니다.

functions.php

```
1  ...
2  function it_dummy_meta( ) {
3   ?>
4   <meta name="it-dummy" content="테스트 메타입니다." />
5   <?php
6  }
7  add_action( 'wp_head', 'it_dummy_meta' );
```

2행 함수 선언에서 보듯이 wp_head 액션은 파라메터가 없는 액션입니다. 화면을 새로고침해서 소스보기로 확인해 보면 4행에서 출력한 내용을 확인할 수 있습니다.

html 문서의 타이틀을 제공하기 위해 사용했던 wp_title() 함수는 'wp_title'라는 필터를 수행합니다.

functions.php

```
1  ...
2  function it_adj_title( $title, $sep, $seplocation ) {
3   $title .= ' - 작업 중';
4   return $title;
5  }
6  add_filter( 'wp_title', 'it_adj_title', 10, 3 );
```

2행에서 파라메터로 3개가 있습니다. 이중 $sep와 $seplocation은 wp_title() 호출 시 전달하는 파라메터로, 사용자가 추가하려는 필터에서도 활용할 수 있도록 함께 전달하고 있습니다. $title에는 wp_title() 함수의 수행과정에서 생성된 문자열이 전달됩니다. 3행에서 $title에 문자열을 덧붙여 4행에서 반환을 해주고 있습니다.

필터를 위한 콜백 함수를 작성할 때는, 첫번째 파라메터는 항상 전 단계 필터의 수행 결과로 반환된 값을 전달 받는 파라메터를 지정해주어야 하고, 수행결과는 꼭 반환해주어야 합니다. 이렇듯 액션은 어떠한 이벤트 발생 시 추가로 수행이 필요한 작업을 위해서, 필터는 반환 되는 값에 추가적인 가공이 필요한 경우에 주로 사용됩니다.

4장_
WP_Query

워드프레스를 활용하려면 반드시 알아야 할 뼈대

WP_Query란?

WP_Query 클래스는 워드프레스에서 매우 중요한 부분들 중 하나입니다. 데이터베이스에 저장된 글 목록을 얻어오고, 사용자에게 보여주는 과정에서 필요한 모든 정보를 관장합니다. $wp_query라는 글로벌 영역의 변수를 통해 어느 곳에서든 접근이 가능합니다. 워드프레스 템플릿 파일들에서 사용되는 루프 관련 함수들은 내부적으로 이 전역 $wp_query와 상호작용을 통하여 흐름에 알맞게 순환 또는 반환합니다. 우리가 이미 살펴봤던 루프를 순환하는 데 사용했던 함수들인 have_posts(), the_post() 등이 여기에 속합니다.

워드프레스가 제공하는 WP_Query 클래스와 상호작용하는 방법은 크게 세 가지가 있습니다. 하지만 워드프레스가 내부적으로 운용하는 방법에 차이가 있기 때문에 그것을 이해하고 상황에 맞는 방법을 선별해 적용할 필요가 있습니다.

```
query_posts( $args );

new WP_Query( $args );

get_posts( $args );
```

$args는 사용자가 얻고자 하는 정보를 기술하는 파라메터입니다. 호출 형태와 호출 시 세부적인 동작은 다르지만, 모두 WP_Query::query($args) 호출을 수행하기 때문에 동일하게 적용됩니다. 키와 값을 가지는 배열 형태의 파라메터지만 '&'로 연결된 문자열 형태로도 전달 가능합니다. 간단한 요청이라면 문자열로 충분하지만 계층구조가 필요한 복잡한 요청에 대해서는 배열 형태로 전달해야 합니다.

$args를 구성하는 항목에는 WP_Query가 가진 기능 만큼이나 매우 다양한 설정들이 있습니다. $args를 이루는 구성 요소들은 위 세 가지의 사용법 및 차이점을 알아본 후 살펴보겠습니다. 여기서는 일단, 'cat=5'라는 파라메터가 "카테고리 5에 해당하는 글을 얻어온다"를 의미한다는 점만 알고 책을 읽어나가시기 바랍니다.

WP_Query 사용법

워드프레스가 제공하는 모든 웹 페이지는 WP_Query 객체를 기반으로 화면을 출력합니다. 이를 위해 전역 변수인 $wp_query를 사용하며, 이 전역 변수는 페이지 전체 영역의 렌더링이 끝날 때까지 그 내용이 유지될 필요가 있습니다. 가령 사이드 바 영역에 최근 작성된 글의 목록을 보여주고 푸터 영역에서 본문 글과 관련된 글들을 둘러볼 수 있는 목록을 제시하고자 하는 경우를 생각해봅시다. 사이드 바 영역에서 새로 작성한 WP_Query 객체를 되돌려 놓지 않는다면, 푸터 영역에서 관련 글을 얻기 위해 사용하는 WP_Query 객체는 본문 글에 대한 정보가 아니라 사이드 바 영역에서 생성된 잘못된 정보입니다. 이를 위해 워드프레스는 $wp_query뿐만 아니라 전역의 $wp_the_query를 추가로 유지합니다. 그리고 이것을 이용하여 되돌아갈 수 있는 방법을 제공합니다.

query_posts()

```
1   query_posts( 'cat=5' );
2   if ( have_posts() ) :
3    while( have_posts() ) : the_post();
4    ...... // 화면 출력
5    endwhile;
6   endif;
7   wp_reset_query();
```

3행에서 5행 사이를 순환하며 화면을 출력합니다. 전역 WP_Query 객체의 사용이 모두 끝난 후, 7행에서 wp_reset_query()를 호출하여 $wp_the_query가 가지고 있던 데이터를 $wp_query로 되돌려 줍니다. 이와 같이 query_posts()를 사용하여 별도의 루프를 순환한 후에는 꼭 wp_reset_query()를 호출해주어야 합니다.

wp_reset_query()

반환 값이나 파라미터 없이 호출되며, 호출 시 메인 쿼리(워드프레스가 기본 생성한 WP_Query 객체) 상태로 돌려놓습니다.

new WP_Query()

```
1    $query = new WP_Query( 'cat=5' );
2    if ( $query && $query->have_posts() ) :
3     while( $query->have_posts() ) : $query->the_post();
4     ... // 화면 출력
5     endwhile;
6     wp_reset_postdata();
7    endif;
```

query_posts()와 다르게 새롭게 WP_Query 객체를 생성하여 $query라는 변수를 통해 루프를 제어합니다(2행, 3행). 이 때문에, 템플릿을 별도의 파일로 분리하거나, 별도의 함수를 통해 화면 출력을 분리하는 경우 위 예제 코드처럼 $query라고 선언한 변수의 전달 방법이 마련되어야 합니다. 이 경우 별도의 전역 변수로 선언하거나 별도의 파라미터를 추가해야 하는 부담이 따릅니다.

여전히 다른 문제가 하나 더 남아있는데, WP_Query::the_post()의 호출 매커니즘을 이해할 필요가 있습니다. 전역 WP_Query 객체와 마찬가지로, 워드프레스는 현재 순환 중인 루프 내에서의 글 정보 관련 함수인 get_permalink(), the_date(), the_author() 등을 호출 시 $post라는 전역 WP_Post 객체를 통해서 그 정보를 얻어옵니다. 이를 위해 WP_Query::the_post()가 호출되면, WP_Query 객체가 가지고 있는, 다음(next) post로 이동함과 동시에 전역 $post 변수의 값을 설정합니다. 이러한 처리 덕분에 get_permalink()를 통해 고유주소를 얻을 수 있고, the_date()를 통해 작성일을 출력하는 등의 작업이 가능합니다.

즉, 위의 예처럼 $query->the_post() 호출 시, 메인 쿼리가 생성해 놓은 전역 $post 변수의 손상이 발생합니다. 6행 wp_reset_postdata()를 호출하여 손상된 전역 WP_Post 객체를 복구시켜 놓습니다.

wp_reset_postdata()

반환 값이나 파라메터 없이 호출 되며, 호출 시 메인 쿼리가 가진 WP_Post 정보를 이용하여 전역 WP_Post 객체의 값을 설정합니다. 전역 WP_Query 객체에는 변화가 없기 때문에 wp_reset_query()를 사용하여 메인 쿼리로 돌려놓을 필요는 없습니다.

get_posts()

```
1   $sub_posts = get_posts( 'cat=5' );
2   if ( $sub_posts ) :
3    global $post;
4    foreach( $sub_posts as $post ) {
5      setup_postdata( $post );
6      ... // 화면 출력
7    }
8    wp_reset_postdata( );
9   endif;
```

get_posts()를 이용한 방법은 별도의 WP_Post 객체들의 배열을 얻어 foreach() 구문을 통해 WP_Post 객체를 하나씩 꺼내어 쓰는 구조입니다. 전역 WP_Post 객체와 상호작용하는 함수들을 위해 3행의 구문을 추가해 주고, WP_Query 객체를 이용한 방법이 아니기 때문에 the_post() 호출로 제공받던 전역 객체들을 setup_postdata()를 직접 호출해 주어 화면 출력을 준비해야 합니다.

setup_postdata($post)

구분	기본 값	설명
$post	없음	기준이 되는 post 객체 혹은 글의 아이디

주어진 $post를 토대로 글과 관련된 전역 변수들을 설정합니다. 이 전역 변수들에는 작성자, 작성된 시간, 본문 내용 등이 해당합니다. 호출이 성공하면 true를, 실패하면 false를 반환합니다.

이 방법 역시 전역 $post 객체를 손상시키기 때문에 모든 처리과정이 끝난 후 8행에서 wp_reset_postdata()를 호출해 메인 쿼리의 post 데이터로 복구시켜줍니다.

4행에서 굳이 전역 $post 객체로 데이터를 넘겨 받아 처리를 할 필요는 없지만 그럴 경우 글에 대한 정보를 얻기 위해 일일이 post 객체를 넘겨주어야 합니다. 몇몇 함수는 그 구현을 위해 post 객체만이 아닌 여러가지 추가 정보를 수반한 복잡한 절차가 필요한 경우도 있습니다. 따라서 루프 순환을 통해 1차적으로 얻을 수 있는 정보만 필요한 경우가 아니라면 추천하지 않습니다.

```
1    $sub_posts = get_posts( 'cat=5' );
2    if ( $sub_posts ) :
3     foreach( $sub_posts as $sub_post ) {
4     ?>
5       <h1><?php echo get_the_title( $sub_post ); ?></h1>
6       <span><?php echo get_the_date( '', $sub_post ); ?></span>
7     <?php
8     }
9    endif;
```

화면 출력 부분이 간단하여 전역 변수를 사용하지 않고 구현해 본 코드입니다. 전역 변수의 손상이 없기 때문에 global 선언 및 wp_reset_postdata() 호출이 필요 없습니다.

중첩 WP_Query

이번에는 중첩으로 WP_Query를 수행할 때를 가정해보겠습니다. query_posts()로 구현을 해보면 다음과 같은 코드가 될 것입니다.

```
1      query_posts( 'cat=5' ); // 1번 쿼리
2      while( have_posts() ) : the_post(); // 1번 루프 시작
3       ...... // 1번 화면 출력
4
5        query_posts( 'tag='. $tag_1 ); // 2번 쿼리
6        while( have_posts() ) : the_post(); // 2번 루프 시작
7         ...... // 2번 화면 출력
8        endwhile; // 2번 루프 종료
9        wp_reset_query(); // 쿼리 복구
10
11     endwhile; // 1번 루프 종료
12     wp_reset_query(); // 쿼리 복구
```

1행 : 1번 루프에서 카테고리 5에 해당하는 글을 얻어

3행 : '1번 화면 출력'에서 내용을 출력하고,

5행 : 그 글과 공통된 태그를 갖는 관련 글을 얻기 위해 2번 쿼리를 수행합니다(태그를 얻는 과정은 생략합니다).

7행 : '2번 화면 출력'에서 관련 글들을 출력해주고,

9행 : 쿼리를 되돌려 놓습니다.

12행 : 위의 과정을 반복 실행한 후 역시 쿼리를 되돌려 놓습니다.

얼핏 보기에는 이상이 없어 보이지만 중요한 한 가지가 있습니다. 모든 웹 페이지에는 반드시 워드프레스가 생성하는 메인 쿼리가 있습니다. 위 예제의 첫 번째 수행에서 '2번 루프 종료'까지는 아무런 문제가 없습니다. 그러나 9행에서 쿼리를 되돌려 놓기 위해 wp_reset_query()를 수행하는 순간, 전역 WP_Query 객체는 1행에서 호출한 1번 쿼리로 돌아가는 것이 아니라 메인 쿼리 생성 시 같이 선언한 $wp_the_query를 사용하여 복구를 한다는 점입니다. 즉 12행을 만나 다시 2행으로 돌아간 경우에는 기준이 되는 전역 $wp_query가 더 이상 1행에서 생성한 것이 아닙니다. 워드프레스가 생성한 메인 쿼리입니다. 이는 예기치 못할 오동작으로 이어질 것입니다.

이와 같이 중첩된 WP_Query의 사용이 필요한 경우, query_posts()의 사용은 항상 조심

해야 합니다. 새로운 WP_Query 객체를 생성하거나 get_posts() 함수를 사용한 방법으로 우회하는 것이 좋습니다.

$args 구성 요소

기본 요소

기준/값 형식	아이디(숫자)	슬러그(문자열)	아이디 배열	슬러그 배열
단일 글	p	name	post_in post_not_in	post_name_in
싱글 페이지	page_id	pagename		
하위 싱글 페이지	post_parent		post_parent_in post_parent_not_in	
작성자	author	author_name * user_nicename 사용	author_in author_not_in	
카테고리	cat	category_name	category_and category_in category_not_in	
태그	tag_id	tag	tag_and tag_in tag_not_in	tag_slug_and tag_slug_in
검색	s 인덱스에 지정된 값은 검색어로 사용되어 글을 얻습니다.			

각 항목은 키가 되고, 그에 해당하는 값을 배열 형태로 묶어 전달합니다.

```
$query = new WP_Query( array( 'p' => 1 ) ); // post id가 1인 글을 얻어옴.

$query = new WP_Query( array( 'tag' => '테마' ) ); // '테마' 태그를 가진 글을 얻어옴.
```

값으로 배열을 가지는 키의 경우 아래와 같습니다.

```
$query = new WP_Query( array( 'category__and' => array( 2, 6 ) ) ); // 카
테고리 2, 6에 동시에 속한 글을 얻어옴.

$query = new WP_Query( array( 'category__in' => array( 2, 6 ) ) ); // 카테
고리 2 또는 6에 속한 글을 얻어옴.

$query = new WP_Query( array( 'category__not_in' => array( 2, 6 ) ) ); //
카테고리 2와 6에 속한 글을 제외하고 얻어옴.
```

이처럼 키의 명칭에 사용된 접미어에 따라 조건이 달라지고, 이런 조건을 나타내는 접미어는 '_'(언더스코어) 두 개로 연결되는 걸 유의하시기 바랍니다.

작성시간 요소

구분	구분	설명	값 범위
직접 지정	year	년	네 자리 숫자
	monthnum	월	1 ~ 12
	w	주	0 ~ 53
	day	날짜	1 ~ 31
	hour	시간	0 ~ 23
	minute	분	0 ~ 59
	second	초	0 ~ 59
	m	통합	4자리 이상 숫자

월을 나타내는 인덱스로 'monthnum'이 사용되었고, 몇 번째 주인지를 나타내는 'w'를 제외하고는 영어 단어의 뜻 그대로이므로 이해하는 데 어려움이 없습니다. 다음과 같이 중간 단위를 생략하고 지정하는 것도 가능합니다.

```
$query = new WP_Query( array( 'year' => 2016, 'day' => 13 ) ); // 2016년 이
면서 월에 상관 없이 13일
```

WP_Query

'm'은 조금 특별한 기능을 하는 인덱스로, 하나의 값으로 여러 가지 경우를 표현할 수 있습니다. 앞에서부터 순서대로 년, 월, 일, 시, 분, 초를 표현할 수 있는데, 그 길이에 따라 다음과 같이 해석됩니다.

```
array( 'm' => 2016 ); // 2016년
array( 'm' => 201609 ); // 2016년 9월

array( 'm' => 2016091615 );// 2016년 9월 16일 오후 3시
```

다음은 'date_query' 배열을 사용한 방법을 알아보겠습니다.

'date_query' 배열을 사용한 시간 설정 인덱스는 'year', 'month', 'week', 'day', 'hour', 'minute', 'second'로 직접 지정할 때 사용한 인덱스들과 대동소이하나 'month'와 'week'가 다릅니다. 'date_query' 하위에 'year', 'month' 등의 인덱스를 사용하여 시간을 지정하는 것은 앞서 살펴본 직접 지정하는 방법과 키워드, 두 가지 이외에는 다른 것이 없습니다.

직접 지정	date_query
array(　'year' => 2016, 　'monthnum' => 9,);	array(　'date_query' => array(　　'year' => 2016, 　　'month' => 9, 　),);

'date_query'를 이용한 시간 지정 조건은 아래 표에 나타나는 인덱스들과 조합해서 활용할 때 그 진가가 나타납니다.

	구분	기본 값	설명
date_query 사용	after	없음	시간 지정 문자열 또는 배열
	before	없음	시간 지정 문자열 또는 배열
	inclusive	false	지정한 시간의 포함 여부
	compare	'='	비교 방법
	column	'post_date'	비교 컬럼
	relation	'AND'	상관 관계

'after'와 'before'는 시간 범위를 지정합니다. 값으로는 'year', 'month' 등의 인덱스를 가지는 배열도 가능하고, '1 month ago', '2 day ago', 'first day of this month' 등과 같은 서술형(php 함수 strtotime 참조) 문자열도 가질 수 있습니다.

'inclusive'는 지정된 시간 자체의 포함 여부를 설정합니다.

```
1   $query = new WP_Query(
2    array( 'date_query' =>
3      'after' => array( 'year' => 2016, 'month' => 9, ),
4      'inclusive' => true,
5    ),
6   );
```

위 예에서 4행이 없다면, 2016년 9월에 작성된 글들은 제외한, 2016년 10월 1일부터의 글들만 얻어집니다.

'compare'는 시간 값의 비교 방법을 지정하는 값으로, '=', '!=', '>', '>=', '<', '<=','IN', 'NOT IN', 'BETWEEN', 'NOT BETWEEN' 등의 값을 가질 수 있습니다.

'column'은 시간을 비교 시 데이터베이스의 어떤 컬럼과 비교할지를 결정합니다. 값으로는 'post_date', 'post_date_gmt', 'post_modified', 'post_modified_gmt'가 사용 가능합니다.

'relation'은 여러 개의 배열 구성으로 시간을 지정했을 때 그것들 간의 상관 관계를 설정합니다. 이해를 돕기 위해 몇 가지 예를 보겠습니다.

2016년 7월이후, 매달 중순(11일 ~ 20일)

```
1   $query = new WP_Query(
2    array( 'date_query' =>
3      array(
4        array(
5          'after' => array( 'year' => 2016, 'month' => 7, ),
6          'inclusive' => true,
7        ),
8        array(
9          'day' => array( 11, 20 ),
10         'compare' => 'BETWEEN',
11       ),
12     )
13    )
14   );
```

2016년 6월부터 9월까지 오후(12시 이후)

```
1   $query = new WP_Query(
2    array( 'date_query' =>
3      array(
4        array(
5          'after' => array( 'year' => 2016, 'month' => 6, ),
6          'inclusive' => true,
7        ),
8        array(
9          'before' => array( 'year' => 2016, 'month' => 9, ),
10         'inclusive' => true,
11       ),
12       array(
13         'hour' => 12,
14         'compare' => '>=',
15       ),
16     )
17    )
18   );
```

1년 이상된 글 중 지난 3개월내에 수정이 발생한 글

```
$query = new WP_Query(
 array( 'date_query' =>
   array(
     array(
       'column' => 'post_date',
       'before' => '1 year ago',
     ),
     array(
       'column' => 'post_modified',
       'after'  => '3 month ago',
     ),
   ),
 )
);
```

글의 속성 요소

구분	기본 값	설명
post_type	'post'	포스트 타입
post_status	'publish'	발행 상태
has_password	null	비밀 글 여부
post_password	없음	비밀번호 지정
ignore_sticky_posts	false	'이 글을 첫페이지에 고정' 반영 여부
'perm'	'readable'	권한 지정
'post_mime_type'	없음	마임타입 지정

'post_type'은 글의 형식으로 가능한 값은 'post', 'page'와 워드프레스 내부적으로 사용되는 'revision', 'attachment', 'nav_menu_item'가 있으며, 무엇이든 나타낼 수 있는 'any'가 있습니다. 이외에 사용자 정의 포스트 타입도 가능합니다.

'post_status'는 글의 발행 상태를 말하는데 'publish'(발행됨), 'pending'(검토중), 'draft'(작성중), 'auto-draft'(자동 임시글), 'future'(예약됨), 'private'(비공개),

'inherit'(하위 글로 리비전이나 첨부파일), 'trash'(휴지통), 'any'가 있습니다.

'has_password'가 true이면 비밀번호로 보호된 글만, false이면 그렇지 않은 글만 검색합니다. 기본 값인 null이면 상관 없이 모두 가져옵니다.

'post_password' 값이 주어지면, 주어진 값을 비밀번호로 사용 중인 글만 검색합니다.

'ignore_sticky_posts'가 true이면 '이 글을 첫페이지에 고정'을 지정한 글이라도 무시하고 일반적인 정렬 방법에 따른 순서대로 가져옵니다.

'perm'은 현재 페이지를 요청한 사용자가 가진 권한에 따라 글 목록을 특정지을 때 사용합니다. 기본 값인 'readable'이외에 'editable'이 사용 가능합니다.

'post_mime_type'은 'post_type'이 'attachment'일 때, 첨부파일의 마임타입을 특정지을 때 사용합니다.

메타데이터 요소

	구분	설명
직접 지정	meta_key	메타 데이터 명칭
	meta_value	메타 데이터 값
	meta_compare	값 비교 방법

글 편집 화면의 '사용자 정의 필드' 항목의 메타 데이터를 조건으로 하는 방법입니다.

'meta_key'에는 이름을, 'meta_value'에는 그 값을 지정합니다.

'meta_compare'는 값을 비교할 방법을 나타내는 문자열로, '=', '!=', '>', '>=', '<', '<=', 'LIKE', 'NOT LIKE', 'IN', 'NOT IN', 'BETWEEN', 'NOT BETWEEN', 'NOT EXISTS', 'REGEXP', 'NOT REGEXP', 'RLIKE' 등이 가능하고 기본 값은 '='입니다.

데이터베이스 내에서 'meta_key'와 'meta_value' 값은 쌍으로 저장이 되지만, 쿼리를 수행할 때에는 하나만으로도 동작합니다.

그 값이 'test'인 메타 데이터를 가진 모든 글

```
1  $query = new WP_Query(
2    array(
3      'meta_value' => 'test',
4    )
5  );
```

값과는 상관 없이 'itmeta'라는 메타 데이터를 가진 모든 글

```
1  $query = new WP_Query(
2    array(
3      'meta_key' => 'itmeta',
4    )
5  );
```

'grade'가 'A' 혹은 'B'인 메타 데이터를 가진 모든 글

```
1  $query = new WP_Query(
2    array(
3      'meta_key' => 'grade',
4      'meta_value' => array( 'A', 'B' ),
5      'meta_compare' => 'IN',
6    )
7  );
```

메타 데이터 또한 'meta_query' 인덱스를 사용하여 그 기능을 확장할 수 있습니다.

구분	설명
key	메타 데이터 명칭
value	메타 데이터 값
compare	값 비교 방법
type	값의 데이터 형
relation	상관 관계

meta_query 사용

'key', 'value', 'compare'는 각각 'meta_'라는 접두어가 빠져 있는 형태이나 그 기능은 같습니다.

'type'의 값을 설정하여 데이터 형을 지정할 수 있습니다. 'compare'의 기본 값인 '='일 때는 기본 값인 문자형으로 비교하기 때문에 문제가 없습니다. 하지만 크기를 비교하는 '<', '<=', '>', '>=' 등의 비교 방법을 선택할 때는 문제가 발생합니다. MySQL은 100과 99의 비교는 100이 크다고 판정하지만, '100'과 '99'의 비교는 문자 '1'보다 '9'가 크기 때문에 '99'가 더 크다고 판단합니다.

사용하는 MySQL 클라이언트 프로그램에서 다음 sql문을 각각 실행해 보기 바랍니다.

```
SELECT IF( 100 > 99, '100', '99' );
=> 100
SELECT IF( '100' > '99', '100', '99' );
=> 99
```

'relation'은 두 개 이상의 메타 데이터 조건을 가질 경우 조건들의 상관 관계를 지정합니다. 기본 값은 논리곱인 'AND'이고, 논리합인 'OR'도 사용 가능합니다.

meta_query를 이용한 몇 가지 예를 보도록 하겠습니다.

메타 데이터 'pet'의 값이 'cat' 이거나 'dog'

```
 1  $query = new WP_Query(
 2   array(
 3     'meta_query' => array(
 4       array(
 5         'key' => 'pet',
 6         'value' => array( 'cat', 'dog' ),
 7         'compare' => 'IN',
 8       )
 9     )
10   )
11  );
```

메타 데이터 'topic'이 'cat'이거나 'dog' 혹은 'hit'가 50 이상

```
 1  $query = new WP_Query(
 2   array(
 3     'meta_query' => array(
 4       'relation' => 'OR',
 5       array(
 6         'key' => 'topic',
 7         'value' => array( 'cat', 'dog' ),
 8         'compare' => 'IN',
 9       ),
10       array(
11         'key' => 'hit',
12         'value' => 50,
13         'type' => 'numeric',
14         'compare' => '>=',
15       ),
16     )
17   )
18  );
```

메타 데이터 'hit'가 100 이상이거나, 'topic'이 'hobby'나 'sports'이면서 'hit'가 50 이상

```
 1  $query = new WP_Query(
 2   array(
 3     'meta_query' => array(
 4       'relation' => 'OR',
 5       array(
 6         'key' => 'hit',
```

```
  7              'value' => 100,
  8              'compare' => '>=',
  9            ),
 10            array(
 11              'relation' => 'AND',
 12              array(
 13                'key' => 'hit',
 14                'value' => 50,
 15                'type' => 'numeric',
 16                'compare' => '>=',
 17              ),
 18              array(
 19                'key' => 'topic',
 20                'value' => array( 'hobby', 'sports' ),
 21                'compare' => 'IN',
 22              )
 23            ),
 24          )
 25        )
 26      );
```

택사노미 요소

택사노미(taxonomy)란 사전적 의미로는 '분류학'입니다. 무언가를 특정 기준으로 분류를 하는 것으로 워드프레스는 단일 글들을 위해 카테고리라는 택사노미(분류 명)를 기본 제공합니다. 카테고리나 태그 관련 함수들도 내부적으로는 택사노미 관련 함수들로 구현이 되어 있습니다. 그 파라메터 중 하나가 'category' 혹은 'post_tag'라고 명시되어 있을 뿐입니다. 이 책에서는 설명하지 않지만, 커스텀 포스트 타입을 구현한다거나 플러그인에 의해서 추가된 카테고리나 태그이외의 택사노미를 활용하려면 여기서 설명하는 'tax_query'를 알고 있어야 합니다.

	구분	기본 값	설명
tax_query 사용	taxonomy	없음	택사노미(분류 명)
	field	'term_id'	사용 필드
	terms	없음	사용 값
	include_children	true	하위 포함 여부
	operator	'IN'	비교 방법
	relation	'AND'	상관 관계

'taxonomy'에 분류 명을 지정합니다. 카테고리라면 'category'가, 태그라면 'post_tag'가 해당됩니다. 'field'에 사용 가능한 값으로는 'term_id', 'name', 'slug', 'term_taxonomy_id' 등이 있습니다.

'terms'는 'field'와 맞물려서 해당하는 실제 값을 지정합니다. 예로 'field'가 기본 값인 'term_id'라면 'terms'는 얻고자 하는 택사노미의 숫자형 아이디를 지정하고, 'field'가 'slug'라면 'terms'는 문자열 형태의 택사노미 슬러그를 지정해줍니다.

'include_children'은 계층 구조를 가진 택사노미인 경우 하위 포함된 term의 포함여부로, 카테고리를 예로 들면 하위 카테고리 이름들도 포함시킬지 여부를 설정합니다.

'operator'는 비교 방법을 뜻합니다. 'IN', 'NOT IN', 'AND', 'EXISTS', 'NOT EXISTS' 등의 값을 사용할 수 있습니다.

'relation'은 여러 개의 배열로 좀 더 세부적인 조건을 만들려고 할 때, 그 상관 관계를 설정합니다.

tax_query는 앞에서 보았던 meta_query와 인덱스로 사용되는 각각의 용어는 다르지만, 사용 방법은 매우 유사합니다. meta_query를 알고 있다면 tax_query 또한 별 어려움 없이 이해할 수 있습니다.

카테고리 아이디 5 (카테고리도 택사노미의 일종입니다)

```
$query = new WP_Query(
  array(
     array(
       'taxonomy' => 'category',
       'terms' => 5,
     ),
   )
  )
);
```

슬러그가 'development'인 카테고리이거나, 카테고리 3이나 7에 속하는 글 중 태그가 '테마'나 '플러그인'인 글

```
$query = new WP_Query(
  array(
    'tax_query' => array(
      'relation' => 'OR',
      array(
        'taxonomy' => 'category',
        'field' => 'slug',
        'terms' => 'development',
      ),
      array(
        'relation' => 'AND',
        array(
          'taxonomy' => 'category',
          'terms'    => array( 3, 7 ),
        ),
        array(
          'taxonomy' => 'post_tag',
          'field' => 'name',
          'terms' => array( '테마', '플러그인' ),
        )
      ),
    )
  )
);
```

페이징 요소

구분	기본 값	설명
nopaging	false	페이징 여부
posts_per_page	알림판>설정>읽기 내 '페이지당 보여줄 글의 수'	한 페이지당 글의 수
posts_per_archive_page	'posts_per_page'의 값	아카이브 페이지의 경우 한 페이지당 글의 수
offset	0	건너 뛸 글의 수
paged	없음	요청 할 페이지
page	없음	요청 할 페이지(정적 전면 페이지 내)

'nopaging'이 true이면 페이징을 하지 않습니다. 그리고 'posts_per_page', 'paged' 등의 값은 무시됩니다.

'posts_per_page'는 한 페이지에 출력할 글의 수를 지정합니다. -1 값을 가지면 위 'nopaging'가 true로 설정된 것처럼 한 페이지에 모든 글을 출력합니다. 이 경우 'paged' 값은 무시됩니다.

'posts_per_archive_page'는 아카이브(카테고리 목록, 특정 저자의 글 목록 등) 페이지나 검색 결과 페이지에서 별도의 한 페이지당 글의 수를 지정할 때 사용합니다.

'offset'은 조건에 의해 얻은 글의 목록 중 앞에서 건너뛸 글의 수를 지정합니다.

'paged'는 몇 번째 페이지에 해당하는 글들을 얻어올지를 지정합니다.

'page'는 정적 전면 페이지에서 값을 얻기 위한 항목으로 페이징에는 아무런 영향을 미치지 않습니다.

'page'에 대해서 좀 더 이야기해볼까요? 전면 페이지를 위해 알림판 ▷ 설정 ▷ 읽기에서 '전면 페이지'를 설정하고, 그 페이지는 템플릿 서브쿼리 등을 사용하여 특정 카테고리

내의 글 목록과 페이지 이동 링크를 보여준다고 가정하겠습니다.

그 템플릿의 형식은 다음과 같을 것입니다.

```
1   $paged = get_query_var( 'paged' ) ?: 1;
2   query_posts( array( 'cat' => 5, 'paged' => $paged ) );
3   while( have_posts() ):
4     ... // 화면 출력
5   endwhile;
6   echo paginate_links();
7   wp_reset_query();
```

위와 같이 코드를 작성하고 웹 사이트에 접속해 보면, 원했던 대로 해당 카테고리의 글들이 나옵니다. 글의 갯수가 페이지를 넘어갈 경우 페이지네이션을 위한 링크들이 나올 것입니다. 페이지네이션 링크도 고유주소 설정에 따라 바르게 나타납니다. 그러나 특정 페이지로 이동하는 링크를 클릭하면 주소는 정확하게(예 : http://dab.itssue.co.kr/page/2/) 이동하지만, 서브쿼리에 해당하는 페이지에는 반영이 되지 않고 항상 1페이지를 보여줍니다.

이 경우 보여지는 내용 자체는 카테고리 내의 글 목록이지만, 애초에 정적 전면 페이지로 설정한 템플릿에 의한 정적 페이지일 뿐입니다. 워드프레스는 전면 페이지로 설정한 정적 페이지는 페이지네이션이 필요 없는 것으로 판단합니다. 그래서 주소에 페이징 정보가 명시되어 있더라도 제대로 해석해주지 않습니다.

이러한 상황을 위해 별도의 처리 방법을 마련해두었는데, 그 값이 'page' 인덱스입니다. 위 코드의 1행을 아래와 같이 수정해주면 정적 전면 페이지에서 원하는 결과를 얻을 수 있습니다.

```
$paged = get_query_var( 'page' ) ?: 1;
```

정렬 요소

구분	기본 값	설명
order	'DESC'	정렬 순서
orderby	'date'	정렬 기준

'order'는 순서를 지정합니다. 'ASC'는 오름차순, 'DESC'는 내림차순 정렬입니다.

'orderby'는 정렬할 때 기준이 되는 필드입니다.

구분	설명	데이터베이스 컬럼
'none'	정렬 안함	-
'ID'	post id *대문자 주의	ID
'author'	author 아이디	post_author
'title'	제목	post_title
'name'	슬러그	post_name
'type'	포스트 타입	post_type
'date'	작성일	post_date
'modified'	수정일	post_modified
'parent'	상위 글의 아이디	post_parent
'rand'	무작위	-
'comment_count'	댓글 수	comment_count
'menu_order'	페이지 순서	menu_order
'meta_value'	메타 값(문자형)	-
'meta_value_num'	메타 값(숫자형)	-
'post_in'	post_in 지정 순	-
'post_name_in'	post_name_in 지정 순	-

'meta_value'와 'meta_value_num'의 경우 정렬 기준은 메타 데이터 요소가 됩니다. 이 값을 사용할 때는 사용된 메타 데이터 요소를 지정하기 위해 'meta_key' 인덱스와 정렬에 사용할 메타 데이터의 명칭을 추가로 지정해주어야 합니다.

```
1   $query = new WP_Query(
2     array(
3       'orderby' => 'meta_value_num',
4       'meta_key' => 'hit',
5       'meta_query' => array(
6         'relation' => 'OR',
7         array(
8           'key' => 'hit',
9           'value' => 50,
10          'compare' => '>=',
11        ),
12        array(
13          'relation' => 'OR',
14          array(
15            'key' => 'hit',
16            'value' => 30,
17            'type' => 'numeric',
18            'compare' => '>=',
19          ),
20          array(
21            'key' => 'topic',
22            'value' => array( 'cat', 'dog' ),
23            'compare' => 'IN',
24          )
25        ),
26      )
27    )
28  );
```

3행과 4행에서 'orderby'와 'meta_key'를 추가해 기본 정렬 방법인 작성일이 아닌, 메타 데이터 'hit'가 큰 값부터 나올 수 있도록 수정했습니다.

'post_in'과 'post_name_in'은 각각의 인덱스 값으로 주어진 배열 자체가 순서가 됩니다. 이때 'order'의 값은 무시됩니다.

이렇게 추가한 'order'와 'orderby'를 통해서는 정렬 방법을 한 가지 밖에 설정할 수 없다는 문제점이 있습니다.

```
array( 'orderby' => array( 'title' => 'DESC', 'menu_order' => 'ASC' ) );
//제목으로 정렬 후, 페이지 순서로 정렬
```

'orderby'와 배열을 사용하면 확장이 가능합니다.

```
array(
 'orderby' => array( 'meta_value_num' => 'DESC', 'title' => 'ASC' ),
 'meta_key' => 'hit'
); // 'hit' 메타 데이터의 값 역순으로 정렬 후, 제목으로 정렬
```

배열로 구성될 뿐이지, sql문의 "order by" 절과 흡사한 형태입니다.

5장_
테마 깊숙이

웹페이지 속성에 따른 다양한 화면을 구현해보자

구현 파일 기준으로 본 테마의 구조

지금까지 만들어본 테마는 모든 글이나 페이지를 index.php에서 랜더링해서 보여주었습니다. 웹사이트의 콘텐트 종류가 한 가지만 있는 것이 아니듯 콘텐트의 디스플레이 방식도 그 성격에 맞는 각각의 레이아웃이나 디자인이 필요합니다. 물론 index.php에서 이러한 작업을 모두 수행하는 것이 불가능한 것은 아니나, 직관성이 떨어지고 파일 용량과 복잡도가 증가하여 수정 및 관리를 어렵게 합니다.

워드프레스는 콘텐트의 유형에 따라 적당한 템플릿을 참조할 수 있는 훌륭한 시스템을 갖추고 있습니다. 템플릿 파일의 참조 기준은 파일 이름입니다. 템플릿 구조도를 보면 사용자가 요청한 페이지의 성격에 따라, 왼쪽에서부터 파일이 있는 경우 그 파일을 사용하여 화면을 구성하고, 파일이 없다면 다음 단계(오른쪽)로 이동하는 과정을 반복합니다. 가장 우측에는 항상 index.php로 연결이 됩니다. 슬러그나 아이디를 사용하여 특정 카테고리나 특정 페이지만을 위한 별도의 템플릿 제작도 가능합니다.

정적 페이지

정적 페이지는 사이트에서 한 번 발행하면 후속 게시물이 발행될 필요가 없는 페이지입니다. 정보의 수정이 필요할 경우 본 게시물 자체를 수정합니다. 주로 웹사이트의 회사소개, 회원 약관 등이 이런 부류이며, 그 특성상 보통의 경우 저작자의 정보나 작성일 등의 정보는 노출할 필요가 없습니다.

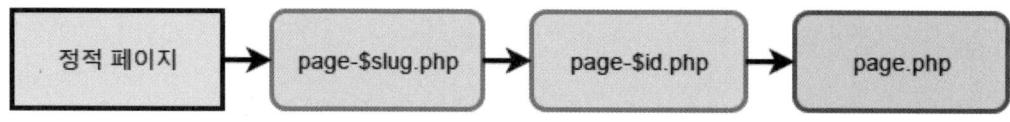

page.php

```php
1   <?php
2   /**
3    * page.php - 정적 페이지글 화면을 담당하는 파일입니다.
4    *
5    * @package theme-itssue
6    */
7   get_header();
8   the_post();
9   ?>
10
11  <div class="page-wrapper">
12    <div class="page-inner">
13      <h1 class="page-title">
14        <?php the_title(); ?>
15      </h1>
16    </div><!-- .page-inner -->
17    <div class="page-content">
18      <?php the_content(); ?>
19    </div><!-- .page-content -->
20    <div class="pagination">
21      <?php wp_link_pages(); ?>
22    </div><!-- .pagination -->
23    <div style="clear: both;"> </div>
24    <?php if ( comments_open() ) comments_template(); ?>
25  </div><!-- .page-wrapper -->
26
27  <?php
28  get_footer();
```

page.php 파일이 참조되는 시점에서는 이미 워드프레스 템플릿 로딩 루틴에 의해서 참조되는 상황이기 때문에, 8행에서 별도의 검사 루틴 have_posts() 없이 바로 the_post()를 호출하여 $wp_query가 현재 정적 페이지 정보와 연동될 수 있도록 합니다.

21행에서 콘텐트를 모두 출력한 이후 여러 페이지(본문 중 '<!--nextpage-->' 사용)로 나뉜 정적 페이지의 페이지네이션을 위해 페이지 링크를 생성해줍니다.

24행에서는 댓글이 허용된 글일 경우 댓글 템플릿을 출력해줍니다. 댓글 템플릿은 과거 버전과의 호환성을 위해서 기본 템플릿이 존재하지만 워드프레스 3.0 이후 버전의 디버그 모드에서는 php notice 메시지를 동반합니다.

the_title($before, $after, $echo)

구분	기본 값	설명
$before	‘ ’	전치 문자열
$after	‘ ’	후치 문자열
$echo	true	화면 출력 여부

루프내에서 현재 순환 중인 글의 제목을 출력합니다. $before와 $after를 통해 앞뒤 문자열을 지정해줄 수 있어 제목에 태그를 사용하여 꾸며주는 용도로 사용 가능합니다. $echo가 false이면 출력하지 않고 문자열로 반환합니다.

wp_link_pages($args)

구분		기본 값	설명
$args 기본값 ‘ ’	‘before’	‘<p>페이지:’	페이지 링크 영역 시작
	‘after’	‘</p>’	페이지 링크 영역 종료
	‘link_before’	‘ ’	각 링크 영역 시작
	‘link_after’	‘ ’	각 링크 영역 종료
	‘next_or_number’	‘number’	‘number’ : 숫자로 페이지 링크 ‘next’ : ‘다음 쪽’, ‘이전 쪽’ 으로 페이지 링크
	‘separator’	‘ ’ (공백)	링크 사이의 연결 문자
	‘nextpagelink’	‘다음 쪽’	다음 쪽을 나타낼 문자열
	‘previouspagelink’	‘이전 쪽’	이전 쪽을 나타낼 문자열
	‘pagelink’	‘%’	‘%’는 페이지 번호로 대체됨
	‘echo’	true	화면 출력 여부

본문에 사용된 '<!--nextpage-->' 문자열을 기준으로 페이지를 나누고, 각 페이지로 이동할 수 있는 링크를 제공합니다.

'next_or_number'의 값이 기본 값인 'number'이면 각 페이지로 이동할 수 있는 페이지 번호의 링크들이며, 'next'이면 단지 '이전 쪽'과 '다음 쪽'이라는 문자열로 링크를 제공합니다. 이 문자열은 'nextpagelink'와 'previouspagelink'의 설정으로 변경할 수 있습니다.

또, 'next_or_number'의 값이 'number'인 경우, 'pagelink'의 값으로 주어진 문자열 중 '%' 부분이 페이지 번호로 대치되어 각 링크의 텍스트 부분으로 사용됩니다. 'echo'가 true이면 화면 출력을, false이면 문자열을 반환해줍니다.

comments_open($post_id)

구분	기본 값	설명
$post_id	null	검사하려는 글의 아이디

$post_id로 주어지는 글의 댓글 허용 여부를 반환합니다. 생략되면 현재 루프에서 참조 중인 전역 $post를 활용합니다.

comments_template($file, $separate_comments)

구분	기본 값	설명
$file	'/comments.php'	댓글 템플릿
$separate_comments	false	댓글의 유형에 따라 분류

전역 WP_Query 객체를 사용하여 댓글 정보를 얻고, 지정된 템플릿을 이용해 화면을 생성합니다.

$file로 지정해준 파일을 탐색하여 사용합니다. 발견되지 않으면 워드프레스가 호환성을 위해 제공하는 템플릿을 사용하여 보여주지만, 추후 삭제될 예정이니 반드시 템플릿을 제작하여 사용하시기 바랍니다(디버그 모드에서는 경고 발생).

$separate_comments의 값으로 true가 주어지면 부수적으로 $wp_query->comments_by_type라는 변수에 각 댓글의 유형을 인덱스로 하는 댓글 목록의 배열을 설정합니다. 댓글의 유형에는 'trackback', 'pingback', 'comment'가 있으며 별도의 작업을 통해 사용자 정의 유형 추가도 가능합니다. 댓글 유형별로 별도의 처리가 필요할 때 사용합니다.

카테고리 템플릿

카테고리와 같이 공통된 기준을 가지고 아카이브를 유지하는 페이지를 방문하였을 때에는 그 특성을 잘 드러낸 레이아웃과 내용에 좀 더 집중할 수 있는 정보를 먼저 배치하고 싶을 것입니다. 글 전체를 볼 수있는 링크와 제목, 작성일, 작성자, 그리고 목록을 나타내는 화면이기 때문에 본문 내용은 축약해서 보여줍니다.

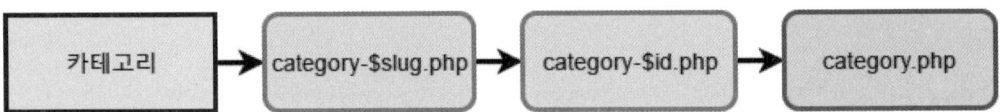

index.php까지 가기 전, category.php을 작성하여 가로챕니다. 만약 파일 이름을 archive.php로 작성한다면, 전체 구조도에서 볼 수 있듯이 태그와 커스텀포스트 타입 등의 아카이브 페이지까지 모두 담당합니다.

category.php

```
1  <?php
2  /**
3   * category.php - 카테고리 화면을 담당하는 파일입니다.
4   *
5   * @package theme-itssue
```

```
 6      */
 7     get_header();
 8     $cat_name = get_query_var( 'category_name' );
 9     ?>
10     <div class="page-wrapper">
11       <div class="page-inner">
12         <h1 class="page-title">
13           <?php single_cat_title(); ?>
14         </h1>
15       </div><!-- .page-inner -->
16       <div class="page-content catwrap-<?php echo $cat_name; ?>">
17         <?php if ( have_posts() ) : ?>
18           <?php while( have_posts() ) : the_post(); ?>
19             <?php get_template_part( 'tmpl-category', $cat_name ); ?>
20           <?php endwhile; ?>
21           <p class="pagination">
22           <?php echo paginate_links(); ?>
23           </p>
24         <?php else : ?>
25           <?php get_template_part( 'tmpl-category', 'none' ); ?>
26         <?php endif; ?>
27       </div><!-- .page-content -->
28     </div><!-- .page-wrapper -->
29     <?php
30     get_footer();
```

get_query_var($var, $default)

구분	기본 값	설명
$var	없음(필수)	얻고자하는 질의명
$default	''	해당하는 질의명이 없을 시 반환될 값

현재 페이지를 위한 전역 $wp_query 객체를 얻기 위해 내부적으로 사용되고 있는 질의에 대한 값을 반환해줍니다. $wp_query->query_vars에 저장된 값으로, 현재 보여지는 페이지에 따라 그 구성은 조금씩 다릅니다. 여기에서는 카테고리의 슬러그를 얻어와 카테고리별로 포스트 글의 나열 방식을 변경하는 데 활용할 수 있도록 얻어왔습니다. $cat_name이 이용된 부분을 눈여겨 봐 두시기 바랍니다(16행, 19행).

single_cat_title($prefix, $display)

구분	기본 값	설명
$prefix	''	전치 문자열
$display	true	화면 출력 여부

현재 페이지에서 보여지고 있는 카테고리명을 출력합니다.

$prefix가 주어지면 카테고리명 앞에 덧붙여 출력되고 $display가 false이면 출력하지 않고 반환해줍니다.

get_template_part($slug, $name)

구분	기본 값	설명
$slug	없음(필수)	템플릿 파일명
$name	null	템플릿 추가 파일명

{$slug}-{$name}.php 파일의 내용을 참조하여 웹페이지를 생성하고, 이 파일이 없으면 {$slug}.php 파일을 이용합니다. 여기에서는 추후 카테고리별로 다른 형태의 출력이 가능하도록 카테고리 슬러그를 사용하여 템플릿을 불러오도록 하였습니다.

템플릿 파일의 공통된 일부분을 별개의 파일로 모듈화하여 필요한 시점에서 간단하게 활용할 수 있습니다. 중복된 코드를 최소화하여 템플릿의 재사용성을 높이고 유지보수도 간단해집니다.

tmpl-category.php

```
1   <?php
2   /**
3    * tmpl-category.php - 카테고리 화면의 본문내용을 담당하는 파일입니다.
4    *
```

```php
5      * @package theme-itssue
6      */
7     ?>
8     <article id="post-<?php the_ID(); ?>" class="post">
9       <div class="post-title">
10        <h2>
11          <?php
12          printf( '<a href="%s" title="%s" class="search-title">%s</a>'
13            , get_permalink()
14            , the_title_attribute( 'after= 보러가기&echo=0' )
15            , get_the_title()
16          );
17          ?>
18        </h2>
19      </div><!-- .post-title -->
20      <div class="post-extra">
21        <span class="post-date"><?php echo get_the_date(); ?></span>
22        <br />
23        <span class="post-author"><?php the_author(); ?></span>
24      </div><!-- .post-extra -->
25      <div class="post-content">
26        <?php the_excerpt(); ?>
27      </div><!-- .post-content -->
28    </article><!-- #post-<?php the_ID(); ?> -->
```

the_title_attribute($args)

구분		기본 값	설명
$args 기본 값('')	'before'	''	전치 문자열
	'after'	''	후치 문자열
	'echo'	true	화면 출력 여부
	'post'	현재 순환 중인 글	post 객체

글의 제목을 얻어오거나 출력하는 함수입니다. the_title()이나 get_the_title()과 다른 점은 html 태그 내에서 속성값으로 사용될 수 있게끔 특수문자가 제거되는 것입니다.

'before'와 'after'를 설정하여 제목 앞이나 뒤에 문자열을 덧붙여줍니다.

'echo'의 값이 true이면 바로 출력을, false이면 반환을 합니다.

'post'는 제목을 얻고자 하는 글의 post 객체로 생략 시에는 현재 쿼리의 post 객체가 사용됩니다.

get_the_date($d, $post)

구분	기본 값	설명
$d	''	날짜 포맷
$post	null	글의 아이디나 WP_Post 객체

루프내에서 현재 참조 중인 글의 작성일을 반환합니다.

$d에 주어진 포맷문자열 형태로 출력하며 생략하면 알림판 ⇨ 설정 ⇨ 일반에서 설정된 포맷이 사용됩니다(https://codex.wordpress.org/ko:Formatting_Date_and_Time).

$post는 작성일 정보를 얻으려는 글의 아이디나 WP_Post 객체를 넘겨주며 생략된 경우 현재 루프에서 참조 중인 WP_Post 객체가 사용됩니다.

글의 작성일을 얻기 위해서는 여기서 사용한 the_date() 함수도 제공됩니다. 번거롭게 echo까지 덧붙여가며 get_the_date()를 사용한 이유는, the_date()는 이전에 출력한 날짜와 동일한 날짜를 다시 출력하는 경우 아무런 문자열도 출력하지 않기 때문입니다. the_date() 사용 시 루프 내에서 얻은 첫 번째 글과 두 번째 글이 서로 다른 날짜에 작성이 되었다면 의도한 대로 동작합니다. 하지만 만약 두 글이 같은 날짜에 작성이 되었다면, 두 번째 글의 날짜는 아무것도 출력되지 않습니다.

the_author()

루프 내에서 현재 참조 중인 글의 저자를 출력합니다. 알림판 ⇨ 사용자 ⇨ 나의 프로필에서 '공개적으로 표시할 이름' 부분에 선택된 값입니다.

the_excerpt()

루프 내에서 현재 참조 중인 글의 요약 글을 출력합니다. 현재는 목록을 보는 화면이므로 전체 내용을 위한 the_content()대신 the_excerpt()를 사용했습니다.

tmpl-category-none.php

```php
1   <?php
2   /**
3    * tmpl-category-none.php - 등록된 글이 없는 본문내용을 담당하는 파일입니다.
4    *
5    * @package theme-itssue
6    */
7   ?>
8   <article id="post-none" class="post">
9     <div class="post-title">
10      <span class="content-warn">등록된 게시물이 없습니다.</span>
11    </div><!-- .post-content -->
12  </article><!-- #post-none -->
```

카테고리에 등록된 글이 없을 경우 참조되는 템플릿 파일입니다. 안내 문구와 함께 검색을 제안하는 폼을 추가하는 등으로의 확장이 가능합니다.

---

the_functions() vs get_the_functions()

워드프레스의 템플릿 함수들을 보면 같은 역할을 하는 함수이나 the_로 시작하는 함수가 있고 get_the_로 시작하는 함수들이 다수 존재합니다. the_로 시작하는 함수의 경우 주로 echo의 수행까지 하는 경우가 많고 get_the_로 시작하는 함수의 경우 주로 반환을 위해 사용됩니다. 템플릿 내에서 단순 출력을 위해서라면 the_로 시작하는 함수를, 값을 받아 내용에 가공이 필요한 경우라면 get_the_로 시작하는 함수를 사용하시기 바랍니다.

Pagination

카테고리와 같은 아카이브 형태의 자료라면 시간이 지남에 따라 글의 갯수가 많아지게 됩니다. 한 화면에 모든 글의 목록을 다 보여주는 것은 서버의 부하를 증가시키게 되고, 사용자 측면에서도 로딩시간의 증가와 원하는 콘텐트의 검색을 어렵게 하여 비합리적입니다. 이러한 경우에 한 화면에서 보여줄 목록의 갯수를 제한하여 여러 페이지로 나누어 글 목록을 제시함으로써 문제를 해결합니다.

워드프레스도 이러한 용도로 사용할 수 있는 함수를 제공하는데 category.php에서 사용한 paginate_links()가 이러한 역할을 합니다.

여기에서는 이 함수가 전역 $wp_query를 활용하여 아무런 파라메터 없이 기능을 수행했지만, 워드프레스가 기본으로 제공하는 형식에 변형이 필요하거나 전역 $wp_query 없이 커스텀 루프를 수행해야 하는 경우에는 파라메터를 통해 다양한 연출이 가능합니다.

아래 '구분'은 paginate_links()의 파라메터 $args로 주어진 배열이나 문자열의 인덱스 값입니다.

구분	기본 값	설명
'base'	현재 URL + '/%_%'	링크 기본형
'format'	고유주소 설정에 따라 다름	기본일 경우 : ?paged=%#% 그 외 : page/%#%/
'total'	$wp_query->max_num_pages 해당 값 미설정 시 1	전체 페이지 수
'current'	get_query_var('paged') 해당 값 미설정 시 1	현재 페이지
'show_all'	false	모든 페이지 링크 생성 여부
'prev_next'	true	다음, 이전 링크 생성 여부
'prev_text'	'« 이전'	이전 페이지 문자열
'next_text'	'다음 »'	다음 페이지 문자열

'end_size'	1	처음과 마지막 양 끝단 페이지 링크 수
'mid_size'	2	중간 페이지 링크 수
'type'	'plain'	반환 값 형식
'add_args'	array()	추가 변수
'add_fragment'	''	각 페이지링크 자체에 덧 붙일 문자열
'before_page_number'	''	페이지 번호 전치 문자열
'after_page_number'	''	페이지 번호 후치 문자열

'base'에 주어진 문자열 중 '%_%' 부분을 'format'에서 주어진 문자열로 대체하고 그 'format'의 문자열 중 '%#%' 부분을 각 링크할 페이지 번호로 대체하여 링크를 생성합니다. 그 후 '?' 뒤의 파라메터가 있을경우 'add_args'의 내용과 함께 덧붙여 줍니다.

예) 고유주소 기본의 경우

- 1페이지 링크 : http://dab.itssue.co.kr/?cat=5
- 2페이지 링크 : http://dab.itssue.co.kr/?paged=2&cat=5
- 3페이지 링크 : http://dab.itssue.co.kr/?paged=3&cat=5

예) 고유주소가 글 이름의 경우

- 1페이지 링크 : http://dab.itssue.co.kr/category/make-theme/
- 2페이지 링크 : http://dab.itssue.co.kr/category/make-theme/page/2/
- 3페이지 링크 : http://dab.itssue.co.kr/category/make-theme/page/3/
-

'total' => 15, 'current' => 8으로 설정 시 화면 출력

≪ 이전 1 ⋯ 6 7 8 9 10 ⋯ 15 다음 ≫

'mid_size' => 3 추가 시

≪ 이전 1 ⋯ 5 6 7 8 9 10 11 ⋯ 15 다음 ≫

'end_size' => 2 추가 시

≪ 이전 1 2 … 5 6 7 8 9 10 11 … 14 15 다음 ≫

'show_all' => true, 'prev_next' => false 추가 시

1 2 3 4 5 6 7 8 9 10 11 12 13 14 15

'after_page_number' => '쪽' 추가 시

1쪽 2쪽 3쪽 4쪽 5쪽 6쪽 7쪽 8쪽 9쪽 10쪽 11쪽 12쪽 13쪽 14쪽 15쪽

'type'을 'list'로 설정하면 각각의 링크를 li 태그로 묶은 ul 블럭을 반환하고, 'array'로 설정하면 각각의 링크를 담은 배열 객체를 반환해줍니다.

'show_all'이 true로 주어지면 'mid_size'와 'end_size'는 무시되며, 'prev_next'가 false로 주어지면 'prev_text'와 'next_text'가 무시됩니다.

여기까지 작업 후 카테고리를 생성하여 포스트 글 몇개 등록한 후 확인한 화면은 다음과 같습니다.

*페이지 링크의 빠른 확인을 위해 알림판 ⇨ 설정 ⇨ 읽기 '페이지당 보여줄 글의 수'를 2로 설정 후 확인했습니다.

포스트

워드프레스 4.3버전부터 정적 페이지와 포스트를 모두 담당할 수 있는 singular.php 템플릿이 추가되었지만 정적 페이지와는 구성이 약간 다른 부분이 있어 single.php를 별도로 제작합니다.

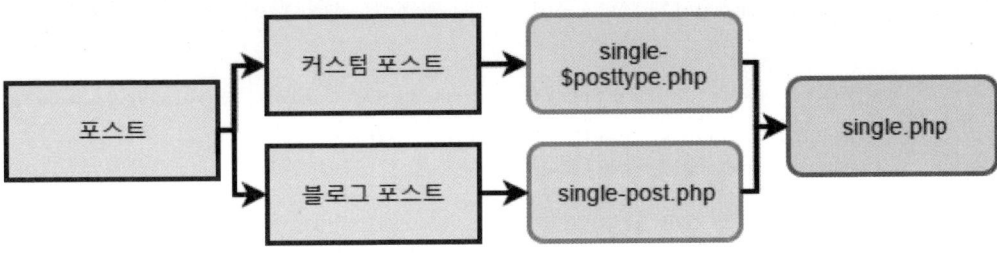

single.php

```php
1   <?php
2   /**
3    * single.php - 포스트 글 화면을 담당하는 파일입니다.
4    *
5    * @package theme-itssue
6    */
7   get_header();
8   the_post();
9   ?>
10  
11  <div class="page-wrapper">
12   <div class="page-inner">
13    <h1 class="page-title">
14     <?php the_title(); ?>
15    </h1>
16  </div><!-- .page-inner -->
17   <div class="page-content">
```

```
18      <?php the_content(); ?>
19    </div><!-- .page-content -->
20    <div class="page-footer">
21      <span class="post-date">On <?php the_date(); ?></span>
22      <span class="post-author">By <?php the_author(); ?></span>
23    </div>
24    <div class="pagination">
25      <?php wp_link_pages(); ?>
26    </div><!-- .pagination -->
27    <div class="post-nav">
28      <span class="post-link-prev">
29        <?php previous_post_link( '&laquo; %link', '%title', true ); ?>
30      </span>
31      <span class="post-link-next">
32        <?php next_post_link( '%link &raquo;', '%title', true ); ?>
33      </span>
34    </div>
35    <div style="clear: both;"> </div>
36    <?php if ( comments_open() ) comments_template(); ?>
37  </div><!-- .page-wrapper -->
38
39  <?php
40  get_footer();
```

page.php와 다른 부분은 작성일과 저자정보가 추가로 출력되고, 카테고리 내에 다른 글로 이동할 수 있는 이전 글과 다음 글로의 링크를 제공합니다.

the_date($d, $before, $after, $echo)

구분	기본 값	설명
$d	''	날짜 포맷
$before	''	전치 문자열
$after	''	후치 문자열
$echo	true	화면 출력 여부

루프내에서 현재 참조 중인 글의 작성일을 출력합니다.

$d에 주어진 포맷문자열 형태로 출력하며 생략하면 알림판 ⇨ 설정 ⇨ 일반에서 설정된 포맷이 사용됩니다(https://codex.wordpress.org/ko:Formatting_Date_and_Time).

$before와 $after를 지정하여 꾸며주는 태그 용도로 사용 가능하고, $echo가 false이면 출력하지 않고 문자열로 반환합니다.

하나의 글만 보여주는 템플릿이므로 중복된 날짜로 인해 출력결과가 생략되는 문제가 없어, 사용이 간단한 the_date()를 사용하였습니다.

previous_post_link($format, $link, $in_same_term, $excluded_terms, $taxonomy)

구분	기본 값	설명
$format	'« %link'	이전 글을 나타내는 링크 문자열
$link	'%title'	$format의 %link 부분에 사용될 문자열
$in_same_term	false	동일한 term에서 탐색
$exclude_terms	''	탐색에서 제외할 term
$taxonomy	'category'	탐색 기준이 될 분류 기준

이전 글로 이동할 수 있는 링크를 제공합니다.

$format에서 '%link'는 a 링크를 포함한 문자열로 대체되니 없어서는 안 됩니다. $link는 화면에 보일 문자열로 문자열 내에 사용 가능한 대체어로는 제목을 나타내는 '%title'과 작성일을 나타내는 '%date'가 있습니다.

$in_same_term이 true 이면 $taxonomy와 같은 분류에 속하는 글 중 $exclude_terms에 속하지 않는 글들을 대상으로 이전 글을 탐색합니다. $exclude_terms는 탐색에서 제외할 카테고리의 아이디들로, 배열이나 콤마로 구분된 문자열의 형태로 전달합니다.

> next_post_link($format, $link, $in_same_term, $excluded_terms, $taxonomy)

다음 글로 이동할 수 있는 링크를 제공하는 함수로 previous_post_link()와 탐색 방향만 반대인 쌍둥이 함수입니다.

$format의 기본 값만 다르고 previous_post_link()의 인자 구성과 동일합니다. 기본 값 : '%link »'

댓글 템플릿

댓글을 위한 템플릿을 제작하지 않더라도 워드프레스 기본 템플릿을 이용하여 화면을 생성해 주지만, 디버그 모드에서는 경고문구가 출력되며, 또한 추후 삭제될 기능이라고 예고하고 있으니 템플릿 파일을 생성해 줄 것을 권장합니다.

comments.php

```
1   <?php
2   /**
3    * comments.php - 포스트나 정적 페이지의 댓글 출력을 담당하는 파일입니다.
4    *
5    * @package theme-itssue
6    */
7   if ( post_password_required() ) {
8       return;
9   }
10  ?>
11  <div id="comments" class="comments-area">
12
13      <?php if ( have_comments() ) : ?>
14          <h2 class="comments-title">
15              <?php
16              $comments_number = get_comments_number();
17              printf( '%d개의 댓글이 있습니다.', $comments_number );
```

```
18              ?>
19          </h2>

21          <ol class="comment-list">
22            <?php
23              wp_list_comments( array(
24                'style'        => 'ol',
25                'avatar_size' => 42,
26              ) );
27            ?>
28          </ol>

30          <?php the_comments_navigation(); ?>

32      <?php endif; ?>

34      <?php
35        comment_form();
36      ?>

38    </div><!-- .comments-area -->
```

7행에서 비밀번호로 보호 중인 글이라면 더 이상 진행하지 않고 복귀합니다. 본문의 비밀번호 설정 여부와 상관없이 댓글은 항상 보여주고 싶다면 제거하셔도 상관 없습니다. 13행에서 출력해야 할 댓글이 있는지 판단하여, 17행에서 전체 댓글 수를 안내해주고, 23행에서 댓글 목록을 출력해줍니다. 30행, 여러 개의 댓글이 페이지로 나뉘어 출력되는 경우 댓글 목록의 전, 후 페이지로 이동할 수 있는 링크를 제공합니다. 마지막으로 35행에서 새로운 댓글을 입력할 수 있는 폼을 생성합니다.

post_password_required($post)

구분	기본 값	설명
$post	null	글의 아이디 값 혹은 WP_Post 객체

$post 변수에 값이 지정되지 않으면, 전역 $post 객체를 활용하여 비밀번호 입력이 요구되는지 판별합니다.

have_comments()

현재 참조 중인 전역 $wp_query 객체로부터 등록된 댓글이 있는지 확인합니다. 한 가지 주의할 점은 이 전역 WP_Query 객체 내부의 댓글 관련 정보는 comments_template()이 호출되는 시점에 설정이 되니, 이 함수를 통해 불려진 템플릿 파일 내부에서만 수행하시기 바랍니다.

get_comments_number($post_id)

구분	기본 값	설명
$post_id	0	글의 아이디 값 혹은 WP_Post 객체

$post_id 변수에 값이 지정되지 않으면, 전역 $post 객체를 활용하여 등록된 댓글의 숫자를 얻어옵니다. 지정해준 글의 아이디가 잘못되었거나 생략하여 참조하게 된 전역 $post 객체도 비어있다면 0을 반환합니다.

wp_list_comments($args, $comments)

구분		기본 값	설명
$args 기본값: array()	'walker'	null	댓글 순회를 위한 Walker 클래스
	'max_depth'	''	최대 깊이
	'style'	'ul'	목록 스타일
	'callback'	null	각 댓글 출력 시작 콜백
	'end-callback'	null	각 댓글 출력 종료 콜백
	'type'	'all'	나열할 댓글 유형
	'page'	''	페이지 번호
	'per_page'	''	페이지당 댓글 수
	'avatar_size'	32	아바타 이미지 크기
	'reverse_top_level'	null	최 상위 댓글의 나열 순서
	'reverse_children'	''	자식 댓글의 나열 순서
	'format'	'html5' or 'xhtml'	출력 포맷 설정
	'short_ping'	false	트랙백이나 핑백을 짧은 형식으로 출력
	'echo'	true	화면 출력 여부
$comments		null	댓글 목록

댓글 목록을 출력하는 방식을 여러 가지 설정을 통해 사용자 정의를 할 수 있습니다.

'walker'의 값을 생략하면 Walker_Comment 클래스를 사용합니다. 다른 클래스를 사용하면 근본적인 구조 자체의 변경도 가능합니다.

'max_depth' 설정으로 지정된 깊이 이상의 댓글은 출력하지 않습니다. 값이 없으면, 알림판 ⇨ 설정 ⇨ 토론 하위 '다른 댓글 설정' 부분의 댓글 활성화 레벨 제한 설정을 따릅니다.

'style'에 지정된 태그를 사용하여 각각의 댓글을 열고 닫으며 'callback'과 'end-callback'은 각각의 댓글 항목의 시작과 종료 시 수행되는 콜백 함수로 댓글 블럭의 전 혹은 후에 추가적인 HTML 출력이 필요한 경우 사용 가능합니다.

'type'은 특정 댓글 형식만 필요한 경우에 사용합니다. 기본 값인 'all'은 모든 종류의 댓글을 포함하며, 이 외에 'comment', 'trackback', 'pingback' 그리고 'trackback'과 'pingback' 둘 다를 포함하는 'pings'가 사용 가능합니다.

'page'는 페이지를 지정합니다. 페이징을 직접 처리하고자 할 때 사용합니다.

'per_page' 값의 설정으로 한 화면에 보여질 댓글의 갯수를 조절할 수 있습니다. 값이 없으면, 알림판 ⇨ 설정 ⇨ 토론 하위 '다른 댓글 설정' 부분의 페이지당 최상위 댓글의 갯수 설정을 따릅니다.

'avatar_size'는 댓글 목록에 사용될 아바타 이미지의 크기를 지정합니다.

'reverse_top_level'의 값이 true이면, 최근 댓글이, false이면 이전 댓글이 목록의 상단에 출력됩니다. 값이 없으면, 알림판 ⇨ 설정 ⇨ 토론 하위 '다른 댓글 설정' 부분의 각 페이지 상단에 나타날 댓글 설정을 따릅니다.

'reverse_children'의 값이 true이면 자식 댓글 출력 시 최근 댓글이, false이면 이전 댓글이 목록의 상단에 출력됩니다. 생략 시 기본 값은 false의 동작입니다.

'format'은 출력 형식을 결정합니다. 'html5'나 'xhtml'이 사용 가능하고, 생략 시 테마지원 중 'html5'의 'comment-list' 지원 여부에 따릅니다(6장 html5 참조).

'short_ping'이 true이면 'trackback'이나 'pingback'에 대해서 간략하게만 출력되고, 응답을 남길 수 없게 됩니다.

'echo'가 true이면 출력을 하고, false이면 문자열로 반환됩니다.

$comments는 출력에 사용할 댓글 목록으로, WP_Comment 객체 배열을 지정합니다. 생략 시에는 현재 루프에서 참조 중인 전역 $post 글에 속한 댓글들을 사용합니다.

the_comments_navigation($args)

구분		기본 값	설명
$args 기본 값 : array()	'prev_text'	'이전 댓글'	이전 댓글 링크의 문자열
	'next_text'	'다음 댓글'	다음 댓글 링크의 문자열
	'screen_reader_text'	'댓글 탐색'	스크린 리더를 위한 문자열

댓글의 수가 한 페이지를 넘어가게 되는 경우 전, 후 페이지로 이동할 수 있는 링크를 제공합니다.

comment_form($args, $post_id)

구분			설명
$args	'fields'	'author'	작성자 항목
		'email'	이메일 주소 항목
		'url'	홈페이지 주소 항목
	'comment_field'		댓글 항목
	'must_login_in'		로그인 요구 문구
	'logged_in_as'		로그인 사용자 정보 문구
	'comment_notes_before'		댓글 입력창 상단 문구
	'comment_notes_after'		댓글 입력창 하단 문구
	'action'		폼의 액션 속성
	'id_form'		폼의 아이디 속성

	'id_submit'	submit 버튼 아이디
	'class_form'	폼의 css 클래스 명
	'class_submit'	submit 버튼의 css 클래스 명
	'name_submit'	submit 버튼의 name 속성
	'title_reply'	댓글 영역 타이틀
	'title_reply_to'	댓글의 댓글 영역 타이틀
	'title_reply_before'	타이틀 여는 태그
$args	'title_reply_after'	타이틀 닫는 태그
	'cancel_reply_before'	댓글 취소 여는 태그
	'cancel_reply_after'	댓글 취소 닫는 태그
	'cancel_reply_link'	댓글 취소 문자열
	'label_submit'	submit 버튼 문자열
	'submit_button'	submit 버튼 html 태그
	'submit_field'	submit 버튼 영역 html 태그
	'format'	html 포맷
$post_id		연결된 글의 아이디

모든 항목들이 화면 출력에 사용될 html이거나, 그 안에 필요한 아이디나 css 클래스 명 같은 항목들로 이루어져 있습니다.

'fields'는 기본적으로 'author', 'email', 'url'가 있지만, 사용자 요구에 따라 입력항목을 추가할 수 있습니다. 'comment_form_default_fields' 필터를 사용해서도 수정이 가능합니다.

$post_id 생략 시에는 현재 루프에서 참조 중인 전역 $post가 사용됩니다.

이제 정적 페이지나 포스트로 이동해서 댓글을 입력해 보면 잘 작동하는 것을 확인할 수 있습니다. 그런데 댓글에 있는 '응답' 버튼을 눌러 댓글에 댓글을 입력하려고 하면 포커스가 하단의 댓글 폼으로 이동하면서 어느 댓글에 댓글을 입력 중인지 알 수가 없습니다.

functions.php

```
......
// 댓글 창 스크립트 enqueue
function it_enqueue_comment_reply() {
 if( is_singular() && comments_open()
   && ( get_option( 'thread_comments' ) == 1 ) ) {
   wp_enqueue_script( 'comment-reply' );
 }
}
add_action( 'wp_enqueue_scripts', 'it_enqueue_comment_reply' );
```

4행에서 단일 글 페이지인지, 댓글은 허용되어 있는지, 계층 구조의 댓글이 허용되어 있는지 확인 후, 조건이 만족하면 6행에서 'comment-reply' 스크립트를 링크해줍니다.

'comment-reply'는 워드프레스 초기화 과정 중에 등록되는 스크립트로 댓글 폼을 이동해주는 스크립트로 구성되어 있습니다.

다시 '응답' 버튼을 눌러보면 아까와는 다르게 댓글 폼이 응답하고자 하는 댓글 바로 아래로 이동해 어느 댓글에 답을 하고 있는지 알 수 있습니다.

is_singular($post_types)

구분	기본 값	설명
$post_types	''	포스트 타입

$post_types가 단일 글 형태를 가질 수 있는 올바른 포스트 타입에 속하는지 확인합니다. 만약 값이 생략되면 전역 $wp_query 객체가 가지고 있는 내용을 가지고 확인합니다.

검색 결과 템플릿

워드프레스는 's'라는 쿼리 스트링으로 문자열을 전달하면 자동으로 검색으로 인식하고, 검색 결과 템플릿인 search.php를 불러옵니다. 이때 전역 $wp_query 객체는 그 검색 결과를 가집니다.

만약 search.php 파일이 없으면, 다음 순위인 index.php가 템플릿으로 사용됩니다.

search.php

```
1   <?php
2   /**
3    * search.php - 검색 결과를 담당하는 템플릿입니다.
4    *
5    * @package theme-itssue
6    */
7   get_header();
8   ?>
9   <div class="page-wrapper">
10    <div class="page-inner">
11      <h1 class="page-title">
12        <?php printf( "'%s' 검색결과", get_query_var( 's' ) ); ?>
13      </h1>
14    </div><!-- .page-inner -->
15    <div class="page-content searchwrap">
16      <?php if ( have_posts() ) : ?>
17        <ul class="search-result">
18          <?php while( have_posts() ) : the_post(); ?>
19            <?php get_template_part( 'tmpl-search' ); ?>
20          <?php endwhile; ?>
21        </ul>
22        <div class="pagination">
```

```
23          <?php echo paginate_links(); ?>
24        </div>
25        <?php else : ?>
26          <span class="no-resuslt">검색 결과가 없습니다.</span>
27        <?php endif; ?>
28    </div><!-- .page-content -->
29  </div><!-- .page-wrapper -->
30  <?php
31  get_footer();
```

기본 구조는 category.php와 동일하지만 12행에서 검색어가 무엇인지 안내합니다. 각각의 검색 결과를 출력하는 부분은 별도의 템플릿을 사용하여 구현했습니다.

tmpl-search.php

```
1   <?php
2   /**
3    * tmpl-search.php - 검색결과 아이템 영역을 담당하는 템플릿입니다.
4    *
5    * @package theme-itssue
6    */
7   ?>
8   <li>
9     <dl>
10      <dt>
11        <?php
12        printf( '<a href="%s" title="%s" class="search-title">%s</a>'
13          , get_permalink()
14          , the_title_attribute( 'after= 보러가기&echo=0' )
15          , get_the_title()
16        );
17        ?>
18      </dt>
19      <dd>
20        <?php the_excerpt(); ?>
21      </dd>
22      <dd>
23        <span class="info-date"><?php echo get_the_date(); ?></span>
24        <span class="info-author"><?php the_author(); ?></span>
25      </dd>
```

```
26      </dl>
27    </li>
```

관리자 화면에서 사이드바에 검색 위젯을 추가한 후 검색결과를 확인해보시기 바랍니다.

검색 폼 템플릿

테마에 별도의 검색 창을 추가하려면 다음 함수로 검색 창 폼을 얻을 수 있습니다.

get_search_form($echo)

구분	기본 값	설명
$echo	true	출력 여부

$echo가 true이면 출력, false이면 반환합니다. 함수 호출 시 워드프레스 기본 제공 폼이 추가되지만, 만약 테마 폴더에 searchform.php 파일이 있으면 이 파일이 사용됩니다.

앞서 설명했듯이 워드프레스는 's'라는 쿼리 스트링을 검색어로 인식을 합니다. 사용자가 원하는대로 검색 폼을 꾸미기 위해서는 다음 코드의 구성만으로 구현이 가능합니다.

searchform.php

```
1    <?php
2    /**
3     * searchform.php - 검색 창 폼을 담당하는 파일입니다.
4     *
5     * @package theme-itssue
6     */
7    ?>
8    <form method="get" action="<?php bloginfo( 'url' ); ?>">
9      <input type="text" name="s" />
10     <input type="submit" value="검색" />
11   </form>
```

워드프레스가 제공하는 검색 위젯 역시 get_search_form() 함수를 이용하여 구현하고 있어 사이드바 영역의 검색 창도 영향을 받습니다.

여기에서 작성한 파일은 최소의 구성으로 이해를 돕기 위해 작성한 것으로 워드프레스 제공 검색 창이 기능상으로 더 우수합니다.

404 오류 페이지

웹 사이트에 요청한 주소에 대응하는 콘텐트가 없는 경우 웹서버는 응답 코드로 '404'를 되돌려주고, 적절한 안내 메시지를 출력합니다.

워드프레스의 경우 404.php가 없는 경우 index.php가 템플릿으로 사용되는데, 보통의 테마들에서 index.php는 글 목록을 보여줍니다. http 응답 헤더에서는 오류를 의미하는 '404'를 돌려받았는데, 콘텐트에는 글 목록을 보여주게 되는 것이 뭔가 앞뒤가 맞지 않습니다. 테마 제작 시 404페이지도 꼭 작성해주도록 합니다.

404.php

```
1   <?php
2   /**
3    * 404.php - 404오류 화면 담당하는 템플릿입니다.
4    *
5    * @package theme-itssue
6    */
7   get_header();
8   ?>
9   <div class="page-wrapper">
```

```
10      <p class="error-title">404</p>
11      <p class="error-desc">잘못된 요청입니다.</p>
12    </div>
13    <?php
14    get_footer();
```

이제 주소창에 사이트의 주소 뒤에 슬래시('/')를 붙이고 그 뒤에 의미없는 문자열을 무작위로 입력해 404페이지가 잘 나오는지 확인합니다. 요즘은 무미건조한 404페이지에 해당 웹사이트의 특징을 나타낼 수 있는 이미지나 글을 곁들여 잘못된 주소를 방문해서 당황했을 접속자들을 위로(?)하는 등 재미를 느낄 수 있게 제작하는 경우도 많습니다.

사용자 정의 템플릿

독자적인 템플릿을 생성하기 위해서는 테마의 구조를 이용하여 우선순위가 높은 템플릿을 제작하는 것으로 구현이 가능합니다.

포스트나 정적 페이지, 카테고리 모두 슬러그나 해당 아이디와 조합되는 파일이 있을 경우 우선적으로 그 파일을 사용하여 화면을 제공합니다. 슬러그와 조합하는 것이 아이디와 조합하는 것보다 우선순위가 높습니다. 아이디의 경우 임의로 지정이 불가능하지만 슬러그는 임의 조작이 가능하여 보통은 슬러그와 조합하여 템플릿 파일명을 생성합니다.

예를 들어, 정적 페이지 중 '회사소개' 글은 배경에 백그라운드 이미지를 추가하고 싶다거나, '이벤트' 페이지는 헤더와 푸터까지 몽땅 눈에 띄는 디자인을 새로 적용하는 등 활용이 가능합니다.

이 외에 글의 속성 부분에서 사용자가 템플릿을 지정할 수 있는 메뉴가 존재하는데 그 템플릿을 제작하는 방법을 알아보겠습니다.

reverse-page.php

```
1   <?php
2   /**
3    * Template Name: Reverse page
4    * reverse-page.php - 정적 페이지의 콘텐트를 역순으로 화면을 출력합니다.
5    *
6    * @package theme-itssue
7    */
8   get_header();
9   the_post();
10  ?>
11
12  <div class="page-wrapper">
13    <?php if ( comments_open() ) comments_template(); ?>
14    <div class="pagination">
```

```
15      <?php wp_link_pages(); ?>
16    </div><!-- .pagination -->
17    <div class="page-content">
18      <?php the_content(); ?>
19    </div><!-- .page-content -->
20    <div class="page-inner">
21      <h1 class="page-title">
22        <?php the_title(); ?>
23      </h1>
24    </div><!-- .page-inner -->
25  </div><!-- .page-wrapper -->
26
27  <?php
28  get_footer();
```

테스트를 위해, 구성은 page.php와 동일하고 단순히 화면 출력 순서만 역순으로 바꾼 템플릿입니다. 이때 파일명은 영향을 미치지 않습니다. 3행에서 선언한 'Template Name:' 이후의 문자열을 템플릿 명칭으로 인식합니다.

페이지의 편집화면에서 '페이지 속성' 영역의 '템플릿' 항목을 보면 조금 전 생선한 템플릿이 추가된 것을 확인할 수 있습니다. 위 '템플릿' 선택상자는 테마에 템플릿이 하나라도 있어야 선택창이 나타납니다. 템플릿을 선택하고 저장 후, 페이지를 확인해 보면 의도한 대로 출력 순서가 뒤바뀌어 나오는 것을 확인할 수 있습니다.

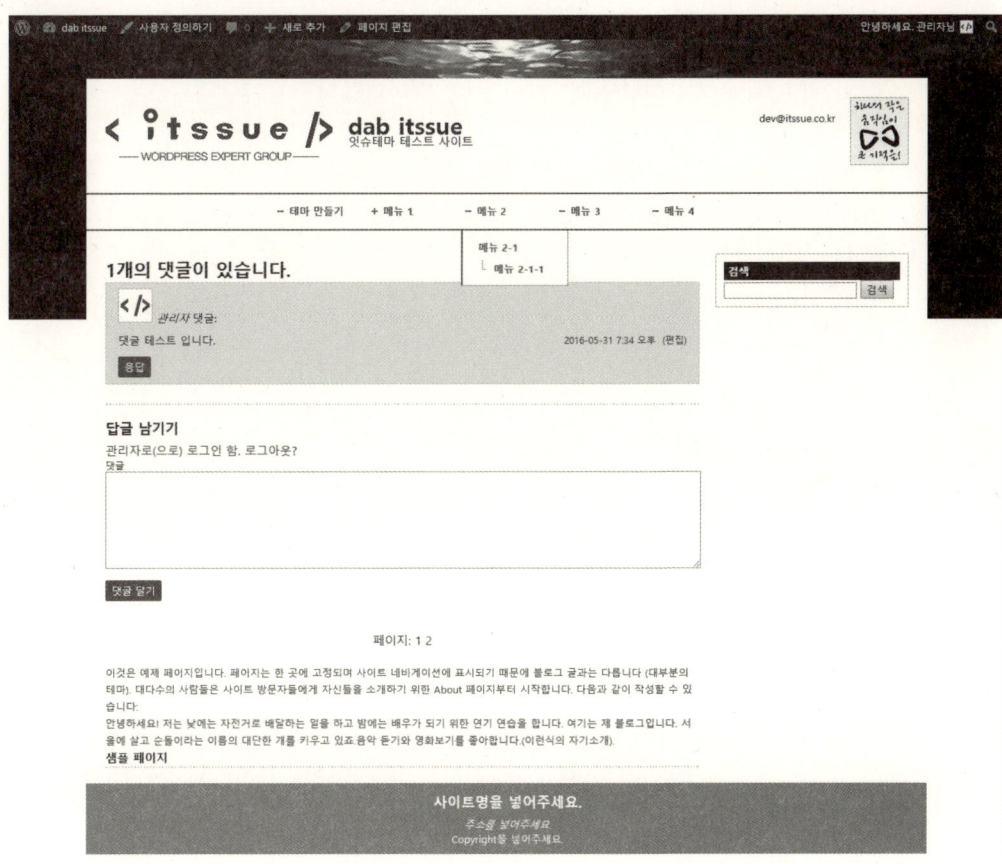

워드프레스 버전 4.7부터는 사용자 정의 템플릿의 기능이 개선되어 정적 페이지뿐만 아니라 다른 유형의 글도 독자적인 템플릿의 사용이 가능합니다. 주석 부분에 다음 내용을 추가해줍니다.

```
<?php
/**
 * Template Name: Reverse page
 * Template Post Type: Post
 * reverse-page.php - 정적 페이지의 콘텐트를 역순으로 화면을 출력합니다.
 *
 * @package theme-itssue
 */
...
```

항목 중 'Template Post Type'을 추가하였고 그 값으로는 'Post'를 지정하였습니다. 지원할 글 유형이 여러 개일 때는 쉼표(콤마)로 구분하여 나열해주면 됩니다.

이제 포스트 수정 화면을 확인해 보면 템플릿을 정할 수 있는 메타박스가 추가되었고, 반대로 정적 페이지 수정 화면에서는 없어졌습니다. 이와 같이 지원하는 글 유형을 선언하지 않을 때는 기본으로 정적 페이지가 지원되지만, 선언했을 때에는 그 선언해준 유형만이 지원됩니다.

참조 : option API

워드프레스는 단순한 정보의 저장을 위해서 option API를 제공합니다. 개발자는 값의 저장이 필요하거나 읽어들일 때 일일이 데이터베이스에 접속하여 sql문을 실행할 필요 없이 간단한 함수의 호출만으로 원하는 작업을 수행할 수 있습니다.

우선 공통적으로 사용될 파라메터부터 알아보겠습니다.

구분	허용 값	설명
$option	64자 이내의 영소문자, 숫자, '_'(언더스코어)의 조합	option의 명칭 입니다. 값을 저장하거나 읽을때 사용할 키
$value	직렬화가 가능한 모든 값	실제 값을 의미
$autoload	true|'yes' or false|'no'	워드프레스 초기화 시 로딩 여부

add_option($option, $value, $deprecated, $autoload)

값을 저장할 때 사용합니다. 값의 저장에 성공하면 true를 아니면 false를 반환합니다.
$option을 키로 하는 값 $value를 저장합니다.
$deprecated는 더 이상 사용되지 않는 값으로, 값이 주어지면 경고를 발생시킵니다.
$autoload의 기본 값은 'yes'입니다.

이미 존재하는 $option을 다시 저장하려 하면 false를 반환합니다.

update_option($option, $value, $autoload)

$option에 해당하는 저장된 값을 $value로 변경합니다. 값의 변경에 성공하면 true를 아니면 false를 반환합니다.

$value가 이전에 저장되어 있던 값과 같다면 false를 반환합니다.

$autoload의 기본 값은 ''입니다(변경하지 않음).

만약 $value는 이전과 같고 $autoload의 값만 변경하려면, delete_option()을 호출하여 삭제 후 add_option()을 호출하여 값을 새로 저장하시기 바랍니다.

존재하지 않는 $option에 대해서도 실패하지 않고 add_option()을 실행한 것과 같이 동작합니다.

delete_option($option)

$option에 해당하는 값을 삭제합니다. 값의 삭제에 성공하면 true를 아니면 false를 반환합니다.

없는 $option을 삭제하려는 경우 false를 반환합니다.

get_option($option, $default)

$option에 해당하는 값을 반환합니다. 저장된 값이 없는 경우 $default를 반환합니다.

$default의 기본 값은 false입니다.

option API를 사용하여 값을 저장/삭제/수정하는 경우 내부 캐시에도 저장하였다가, 같은 $option에 다시 접근 시에는 이 캐시를 활용하여 데이터베이스 접근 없이도 값을 얻을 수 있습니다.

6장_
테마 지원

워드프레스 테마의 기능을
확장해 주는 몇 가지 지원기능들

항상 사용 가능한 것은 아니고
추가 작업이 필요할 수도 있다

테마 지원 관련 함수

테마 지원 기능을 활성화하기 위한 함수 호출은 주로 function.php에서 해줍니다. 비활성화하는 경우가 아니라면 특정 액션에서 수행할 필요 없이, 일반 함수 호출하듯이 활성화 가능합니다. 다만, 테마가 아닌 플러그인에서 해당 기능의 활성이 필요하다면 after_setup_theme 액션이 적용되어야 할 적절한 시점입니다.

add_theme_support($feature)

구분	기본 값	설명
$feature	없음	활성화하려는 기능을 나타내는 문자열

$feature에서 지정해준 기능을 활성화합니다. 기능들 중 일부는 별다른 추가정보 없이 그 기능을 활성화할 수 있지만, 그 외 추가정보가 필요한 경우에는 $feature 뒤에 배열 형태의 파라미터를 추가로 덧붙여 호출함으로써 세세한 설정을 할 수 있습니다. 자세한 $feature 항목들과 추가 파라미터에 대해서는 다음 절부터 알아보겠습니다.

기능이 필요 없는 경우 자신이 만든 테마라면 활성화를 하지 않으면 그만이지만, 자식 테마 제작이나, 혹은 플러그인에서 활성화된 기능의 비활성화 시에는 강제로 비활성화를 할 필요가 있습니다.

remove_theme_support($feature)

구분	기본 값	설명
$feature	없음	비활성화 하려는 기능을 나타내는 문자열

함수 호출 형태는 add_theme_support()와 동일합니다. 다만, 비활성화 시에 주의할 점은 remove_theme_support()의 수행 시점이 활성화 하는 작업들이 모두 끝난 후에 진행되어야 한다는 점입니다. 이를 위해 'after_setup_theme' 액션에서 낮은 우선순위로 수

행되게 합니다. 예를 들면, 다음과 같습니다.

```
function it_remove_theme_support() {
 remove_theme_support( 'post-formats' );
}
add_action( 'after_setup_theme', 'it_remove_theme_support', 99 );
```

때로는 플러그인이나 테마에서 이러한 테마 지원 기능과 연동을 하려면 해당 기능의 활성/비활성 여부를 확인할 필요가 있습니다.

current_theme_supports($feature)

구분	기본 값	설명
$feature	없음	활성 여부를 확인하는 기능을 나타내는 문자열

기능을 나타내는 키워드를 $feature 값으로 넘겨주면 true나 false 값을 반환합니다. 이때 세부설정이 필요한 기능의 경우('post-formats', 'html5' 등) 두번째 파라메터로 함께 전달하여 확인 가능합니다.

post-formats

글 형식을 지정할 수 있습니다. 선택할 수 있는 글 형식은 워드프레스가 제공하는 형식들 중 지정해주면, 글을 작성할 때 그중 하나를 선택할 수 있는 메타박스가 추가됩니다.

추가하려는 post-format을 add_theme_support() 함수의 두 번째 파라메터에 배열 형태로 지정해주면 됩니다. 사용 가능한 형식은 다음 페이지 이미지의 순서대로 나열해보면 각각 standard, aside, chat, gallery, link, image, quote, status, video, audio입니다. 글 형식을 지정하여 글을 발행하는 것 자체만으로는 그 글을 디스플레이하는 데 아무런 영향을 끼치지 않습니다.

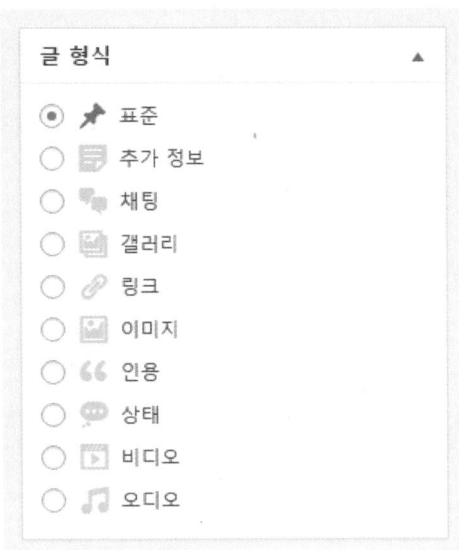

term 관련 테이블에 저장이 되지만 마치 메타처럼 동작을 하니 그 활용은 전적으로 개발자의 몫입니다. 해당 글의 글 형식에 따라 적절히 처리해주는 작업이 요구됩니다.

다음과 같이 post-format에 따라 다른 템플릿 파일을 사용하여 화면 출력이 가능합니다.

```
1   if ( have_posts() ) {
2    while( have_posts() ) : the_post();
3      get_template_part( 'content', get_post_format() );
4    endwhile;
5   }
```

3행의 코드에 의해 글 작성 시 지정한 글 형식에 따라 content-aside.php, content-image.php 등의 파일을 사용하여 출력이 됩니다.

get_post_format($post)

구분	기본 값	설명
$post	null	글의 아이디 값 혹은 WP_Post 객체

$post 값을 지정하여 특정 글의 '글 형식'을 얻을 수 있습니다. 문자열 형태로 반환되며, 기능이 활성화 되지않았거나 '글 형식'이 지정되지 않은 경우 false를 반환합니다. 생략되면 현재 참조 중인 전역 $post 객체가 참조됩니다.

글 형식 기능은 기본적으로 포스트 작성 시에만 적용이 되며, 커스텀 포스트 타입 등 다른 형식을 지원하기 위해서는 add_post_type_support() 함수로 추가가 가능합니다.

add_post_type_support($post_type, $feature)

구분	기본 값	설명
$post_type	없음	기능 추가 대상이 되는 포스트 타입
$feature	없음	추가 지원하려는 기능을 나타내는 문자열 혹은 여러 개일 경우 배열

$feature에서 지정해준 기능을 $post_type에서 활성화 해줍니다. 사용가능한 키워드로는 주로 글의 수정화면에서 볼 수 있는 메타박스 들로, 'title', 'editor', 'comments', 'revisions', 'trackbacks', 'author', 'excerpt', 'page-attributes', 'thumbnail', 'custom-fields', 그리고 여기서 살펴볼 'post-formats' 등이 있습니다.

예를 들어, 정적 페이지에서도 글 형식을 지정하려면 다음의 코드를 추가해줍니다.

```php
<?php
add_theme_support( 'post-formats', array( 'aside', 'chat', 'gallery' ) );
add_post_type_support( 'page', 'post-formats' );
?>
```

이제 정적 페이지 수정 화면에서도 글 형식을 지정할 수 있는 메타박스가 추가된 것을 확인할 수 있습니다.

html5

워드프레스 제공 템플릿 사용 시 html5에 대응하는 태그나 속성을 사용하여 제공합니다.

add_theme_support() 함수의 두 번째 파라메터로 사용 가능한 템플릿을 나타내는 문자열에는 'search-form', 'comment-form', 'comment-list', 'gallery', 'caption' 등이 있습니다.

예를 들어, 다음과 같은 코드를 추가하면,

```
<?php
add_theme_support( 'html5', array( 'search-form', 'gallery' ) );
?>
```

검색창 템플릿에서 placeholder 속성을 사용하여 '검색 ...'이라는 문자열을 보여주고, 글에 워드프레스가 제공하는 갤러리 기능(미디어 추가 ⇨ 갤러리 생성)을 추가하면 기본 div 태그를 사용하지 않고 figure, figcaption 등의 html5 태그를 사용하여 갤러리 이미지를 보여줍니다.

html5 지원에 따른 검색 폼의 변화를 확인하시려면 앞장에서 제작한 searchform.php 파일을 삭제 후 확인하시기 바랍니다.

만약, 댓글 템플릿(comments.php)이나 검색창 템플릿(searchform.php)을 추가하여 테마를 제작할 때 이러한 설정을 지원하도록 하려면 current_theme_supports() 함수를 통해 확인해 볼 수 있습니다.

- 검색 폼 예: current_theme_supports('html5', 'search-form')

custom-logo

대부분의 웹사이트는 언제든 홈(랜딩 페이지) 화면으로 돌아갈 수 있는 링크를 제공합니다. 눈에 잘 띄는 왼쪽 상단 부분에 주로 배치되고, 잘 보이는 곳이기 때문에 해당 웹 사이트의 로고를 조합하여 링크를 제공하기도 합니다.

functions.php

```
...
// 사용자 정의 로고
$args = array(
  'width' => 290,
  'height' => 81,
);
add_theme_support( 'custom-logo', $args );
```

이제 '사이트 정의하기' 실행 후, '사이트 아이덴티티' 섹션으로 이동하면 '로고'라는 컨트롤이 추가로 생긴 것을 확인할 수 있습니다. 로고 이미지의 업로드 및 잘라내기는 할 수 있지만 아직 화면에 실제로 반영되는 것은 없습니다. 실제 적용은 '사용자 정의하기' 장에서 구현합니다.

두 번째 파라메터 배열의 구성은 다음과 같습니다.

인덱스	기본 값	설명
'width'	null	로고 이미지 폭
'height'	null	로고 이미지 높이
'flex-width'	false	폭 사용자 정의 허용
'flex-height'	false	높이 사용자 정의 허용
'header-text'	''	헤더 텍스트 제어용 css 클래스 명

'width', 'height' 값에는 헤더 이미지로 사용할 이미지의 폭과 높이를 설정합니다.

'flex-height', 'flex-width'를 true로 설정하면 각각 높이와 폭을 사용자가 원하는대로 잘라낼 수 있습니다. 예를 들어 'flex-height'는 false로 'flex-width'는 true로 지정하면 최종 결과 이미지는, 높이는 'height'에서 지정한 값으로, 폭은 사용자가 선택한 영역의 비율에 맞추어 정해지는 식입니다. 두 값이 모두 true이면 사용자가 선택한 영역 그대로 반영됩니다.

'header-text'에는 '사이트 제목'과 '태그라인'을 출력하는 영역의 css클래스를 배열 형태로 지정해줍니다. 이 값이 설정되면 '사이트 제목 및 태그라인 표시' 체크박스가 추가되고, 이 체크박스가 해제되면 'wp_head' 액션 수행 시 여기에서 지정해준 css클래스 명으로 영역이 보이지 않게 하는 스타일을 추가하여 해당 영역을 감추도록 합니다.

이 설정은 다음 절('custom-header')의 'header-text' 설정과 서로 배타적으로 동작합니다. 'custom-header'에서 헤더 텍스트 사용을 위해 'header-text' 값을 true로 설정하게 되면, '사이트 제목 및 태그라인 표시' 체크를 해제하더라도 영역을 감추는 스타일은 추가되지 않습니다.

custom-header

헤더 부분에 사용자로 하여금 원하는 이미지를 배치하여 개개인의 요구사항에 부합하는 웹사이트를 꾸밀 수 있도록 기능을 추가 할 수 있습니다. 기능의 명칭에 'header'란 말이 들어가긴 하지만, 사실 구현하기에 따라서 여러 가지로 활용이 가능합니다. 이 말은, 개발자가 구현 부분을 직접 해결해 주어야 하지만, 이미지를 올리고, 적당한 크기로 편집하는 등의 작업은, 적은 노력만으로도 훌륭한 UX 편의성을 제공해줄 수 있습니다.

functions.php

```
1  ...
2  // 사용자 정의 헤더
```

```
3      $args = array(
4        'width' => 1080,
5        'height' => 148,
6        'default-text-color' => '551a8e',
7        'header-text' => true,
8      );
9      add_theme_support( 'custom-header', $args );
```

이제 '사용자 정의하기'를 실행하면 '색상', '헤더 이미지' 두 가지 섹션이 추가된 것을 확인하실 수 있습니다.

두 번째 파라메터의 구성은 다음과 같습니다.

인덱스	기본 값	설명
'default-image'	''	기본 헤더 이미지 경로
'random-default'	false	헤더 이미지 랜덤화 기본 값
'width'	0	헤더 이미지 폭
'height'	0	헤더 이미지 높이
'flex-height'	false	높이 사용자 정의 허용 여부
'flex-width'	false	폭 사용자 정의 허용 여부
'default-text-color'	''	헤더 텍스트 기본 색상
'header-text'	true	헤더 텍스트 사용 여부
'uploads'	true	업로드 기능 사용 여부
'wp-head-callback'	''	'wp_head' 액션 훅에서 헤더 이미지 처리 콜백
'admin-head-callback'	''	스타일 출력을 위한 콜백(관리자 화면)
'admin-preview-callback'	''	헤더 이미지 출력을 위한 콜백(관리자 화면)

'default-image' 값을 주어 언제든 기본 이미지로 되돌릴 수 있는 기능이 추가됩니다. 만약, wp-config.php에 'HEADER_IMAGE'라는 키워드로 이미지 경로를 선언해 주면, 여기에서 지정한 값은 무시됩니다.

'random-default' 값을 true로 지정하면 여러 헤더 이미지를 랜덤으로 보여주는 방식이 기본 값으로 됩니다.

'width', 'height' 값에는 헤더 이미지로 사용할 이미지의 폭과 높이를 설정하는데, 이 값들은 이미지를 잘라낼 때와 헤더 이미지 설정 화면에서 권장 이미지 사이즈의 안내 문구에서도 사용됩니다. 만약, wp-config.php에 'HEADER_IMAGE_WIDTH' 혹은 'HEADER_IMAGE_HEIGHT'라는 키워드로 값을 선언해 주면, 여기에서 지정한 값은 무시됩니다.

'flex-height', 'flex-width'를 true로 설정하면 각각 높이와 폭을 사용자가 원하는대로 잘라낼 수 있습니다. 예를 들어 'flex-height'는 false로 'flex-width'는 true로 지정하면 최종 결과 이미지는 높이는 'height'에서 지정한 값으로, 폭은 사용자가 선택한 폭으로 잘라지는 식입니다. 두 가지 모두 true를 지정해주면 이미지 잘라내기 과정은 거치지 않고 선택한 이미지가 원본 그대로 적용됩니다.

'uploads'를 false로 설정하면 헤더 이미지를 선택만 할 수 있을 뿐 업로드를 할 수가 없습니다. 하지만 해당 기능은 현재 자바스크립트가 비활성되어 있을 경우 볼 수 있는 관리자 화면에서의 헤더 이미지 설정 페이지에서만 기능이 동작합니다.

'default-text-color'을 설정하면 언제든 기본 색상으로 돌아갈 수 있는 기능이 추가됩니다. 만약 wp-config.php에 'HEADER_TEXTCOLOR'라는 키워드로 색상을 선언해주면 그 값이 우선하고, 여기에서 지정한 값은 무시됩니다. css에서 사용되는 컬러 값을 '#'을 제외한 형태로 지정해줍니다(흰색 예: 'ffffff').

'header-text'를 false로 설정하면 헤더 이미지와 함께 사용될 헤더 텍스트를 사용하지 않습니다. 이 부분 역시 테마 개발자가 구현할 부분으로 헤더 이미지 영역을 구현할 때 해당 값을 반영하여 처리해줍니다. 만약 wp-config.php에 'NO_HEADER_TEXT'라는 키워드로 값을 선언해주면, 여기에서 지정한 값은 무시되고, 'NO_HEADER_TEXT' 값을 따라 동작합니다('NO_HEADER_TEXT'가 true이면 사용 안 함, false이면 사용함).

'wp-head-callback'은 'wp_head' 액션 훅 실행 시 사용되는 콜백 함수입니다. 워드프레스가 기본적으로 제공하는 함수가 없어 테마 개발자가 직접 작성해주어야 할 부분으로 이 책에서는 '사용자 정의하기' 장에서 구현해보겠습니다.

헤더 이미지를 변경하기 위해 알림판 ⇨ 외모 ⇨ 헤더를 클릭하면 페이지는 '사용자 정의하기' 화면으로 변경되며 헤더 이미지를 설정하는 섹션이 자동 활성화되어 보여집니다. 만약, 자바스크립트 수행이 불가능한(혹은 비활성화 된) 브라우저에서 위 메뉴를 찾아 들어가면, 일반적인 관리자 페이지에 헤더 이미지를 설정하는 폼이 나타나는데, 이때 그 해당 화면의 스타일을 추가해주기 위해 'admin-head-callback'에서 지정한 콜백 함수가 수행되고, 헤더 이미지로 선택된 이미지를 출력하기 위해 'admin-preview-callback'에서 지정한 콜백 함수가 수행됩니다.

custom-background

기억에 남는 웹사이트를 제작하기 위해 인상적인 실사 이미지나 일러스트를 배경 이미지로 사용합니다. 웹사이트의 성격을 한눈에 알 수 있도록 하거나, 간단한 패턴을 배경으로 반복 배치하여 콘텐트 영역을 강조하기도 하고요. 배경 이미지를 이용하여 웹사이트를 꾸미는 방법은 흔히 사용되는 기법 중 하나입니다.

제작 중인 테마가 배경 이미지 기능을 지원하려면 아래의 코드를 추가해야 합니다.

functions.php

```
...
// 사용자 정의 배경 이미지
$args = array(
  'default-image' => get_template_directory_uri()
    . '/images/main-bg.jpg',
  'default-repeat'     => 'no-repleat',
  'default-position-x' => 'center',
  'default-color' => '010a29',
);
add_theme_support( 'custom-background', $args );
```

이제 '사용자 정의하기'를 실행하면 '배경 이미지' 섹션과 '색상' 섹션 하위에 '배경 색상'이라는 컨트롤이 추가된 것을 확인하실 수 있습니다.

두 번째 파라메터의 구성은 다음과 같습니다.

인덱스	기본 값	설명
'default-image'	''	기본 배경 이미지 경로
'default-repeat'	'repeat'	배경 이미지 반복 방법
'default-position-x'	'left'	배경 이미지 배치 방법
'default-attachment'	'scroll'	배경 이미지 스크롤 방법

'default-color'	''	배경색
'wp-head-callback'	'_custom_background_cb'	'wp_head' 액션 훅에서 배경 이미지 처리 콜백
'admin-head-callback'	''	스타일 출력을 위한 콜백(관리자 화면)
'admin-preview-callback'	''	배경 이미지 출력을 위한 콜백(관리자 화면)

'default-image'의 값을 주어 언제든 기본 이미지로 되돌릴 수 있는 기능이 추가됩니다. 만약, wp-config.php에 'BACKGROUND_IMAGE'라는 키워드로 이미지 경로를 선언해 주면 그 값이 우선하고, 여기에서 지정한 값은 무시됩니다.

'default-repeat'는 반복 패턴 기본 값으로 'no-repeat'(반복 안 함), 'repeat'(배경 반복), 'repeat-x'(수평 반복), 'repeat-y'(수직 반복)을 지정할 수 있습니다.

'default-position-x'는 배경 이미지 배치 기본 값으로 'left'(왼쪽), 'center'(중앙), 'right'(오른쪽) 중 선택할 수 있습니다.

'default-attachment'는 화면 스크롤 시 배경 이미지 고정 여부를 지정하는 값으로 'scroll'이면 화면과 함께 스크롤되고, 'fixed'이면 화면 스크롤 여부와 상관 없이 항상 고정된 위치에 유지합니다.

'default-color'을 설정하면 언제든 기본 색상으로 돌아갈 수 있는 기능이 추가 됩니다. 만약, wp-config.php에 'BACKGROUND_COLOR'라는 키워드로 색상을 선언해 주면, 여기에서 지정한 값은 무시됩니다. css에서 사용되는 칼라 값을 '#'을 제외한 형태로 지정해줍니다(흰색 예: 'ffffff').

'wp-head-callback'은 배경 이미지를 실제 화면에 반영하는 시점인 'wp_head' 액션 훅 실행 시 사용되는 콜백 함수입니다. 기본 값은 워드프레스가 제공하는 '_custom_background_cb'이며, 다른 특별한 효과의 연출을 원하신다면 이 함수를 참조하여 새로운 콜백 함수를 작성하시고, 그 함수의 이름을 'wp-head-callback'의 값으로 전달하면 됩니다. '_custom_background_cb' 함수에서 배경 이미지의 기본 처리 방법은 사용자가 선택한 값들을 조합하여 body 태그의 custom-background 라는 css 클래스 명으로 스타일을 추가해준 후, body_class() 호출 시 custom-background 라는 css 클래스 명을 추가해줍니다.

'admin-head-callback', 'admin-preview-callback'은 custom-header에서의 동명의 인덱스 값과 같은 역할을 합니다(알림판 ⇨ 외모 ⇨ 배경을 선택 시).

다른 사용자 정의 설정들(custom-logo, custom-header)과는 다르게 custom-background는 html 문서의 body 태그 css스타일 만을 조작하여 설정을 적용하는 것이 가능하기 때문에 추가 작업 없이 워드프레스가 제공하는 기본 기능 만으로도 모든 기능이 정상 작동하는 것을 확인할 수 있습니다.

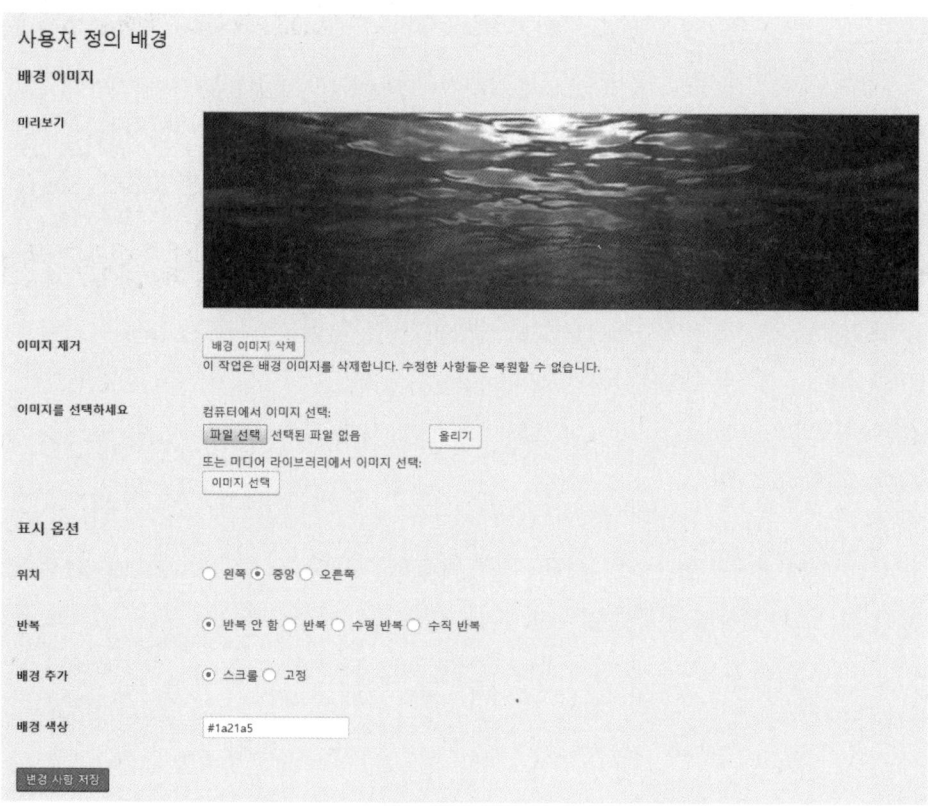

title-tag

앞에서 우리는 헤더파일을 만들고, 그 안에서 문서의 제목을 나타내는 <title></title> 태그를 추가하고, wp_title() 함수를 사용하여 제목을 지정해 주었습니다.

'title-tag' 기능이 활성화 되면, 'wp_head' 액션의 수행 시 자동으로 title 태그가 적절한 제목과 함께 추가됩니다.

먼저, header.php 파일에서 다음의 내용을 삭제합니다.

```
<!-- 웹사이트 타이틀 -->
<title><?php bloginfo( 'name' ); ?><?php wp_title(); ?></title>
<!-- /웹사이트 타이틀 -->
```

다음, functions.php 파일에 아래 코드를 추가해줍니다.

```
...
add_theme_support( 'title-tag' );
```

웹브라우저의 '소스보기'로 확인해 보시면, 헤더파일에서 title 태그를 제거했지만, 정상적으로 출력되고 있는 것을 확인할 수 있습니다.

post-thumbnails

시각적인 콘텐트는 글로 작성된 콘텐트보다 정보를 전달하는 데 있어서 더 효과적입니다. 또, 인간의 뇌는 시각적인 정보를 처리하는 시간이 더 빠르다고 합니다.

다음은 페이스북에서 링크를 공유했을때 생성되는 게시물입니다.

이미지와 텍스트의 적절한 조화로 무엇에 관한 내용인지 쉽게 알 수 있으며, 텍스트로만 나열했을 때보다 시선을 끕니다.

post-thumbnails 기능을 활성화하면 포스트나 정적 페이지에서 그 글을 대표하는 이미지(특성 이미지)의 지정이 가능해지고, 이 이미지는 해당 글을 표현하는데 있어서 다양한 방법으로 활용 가능합니다.

두 번째 파라메터로 포스트 타입을 지정하여, 특성 이미지 기능을 부분적으로 활성화할 수 있습니다.

인덱스	기본 값	설명
인덱스 없는 배열	없음	활성화할 포스트 타입

두 번째 파라메터를 생략하면 모든 포스트 타입을 지원하고, 배열 형태로 포스트 타입을 지정하여 특정 포스트 타입에서만 특성 이미지 기능을 지원할 수 있습니다.

add_theme_support('post-thumbnails', array('post'));

위 구문을 추가 시, 포스트 편집 화면에서는 특성 이미지 메타박스가 나타나지만, 정적 페이지 편집 화면에서는 나타나지 않습니다.

글에 특성 이미지를 활성화하고, 앞 장에서 추가한 검색 화면 템플릿에서 특성 이미지를 할당한 검색 결과는 목록에서 썸네일 이미지와 함께 보이도록 수정해 보겠습니다.

먼저 functions.php 파일에 특성 이미지 지원을 추가합니다.

```
    ...
    add_theme_support( 'post-thumbnails' );
```

검색 결과를 위한 템플릿 파일을 수정합니다.

tmpl-search.php

```
1   ...
2   <li>
3    <?php if ( has_post_thumbnail() ) { ?>
4      <div class="search-thumb">
5        <?php the_post_thumbnail( array( 70, 70 ) ); ?>
6      </div>
7   <?php } ?>
8    <dl>
9   ...
```

the_post_thumbnail($size, $attr)

구분	기본값	설명
$size	'post-thumbnail'	얻으려는 이미지 사이즈
$attr	''	img 태그 추가 속성

$size에서 지정한 크기의 이미지를 출력하는 img 태그를 출력합니다. $size의 값은 이미지 크기를 칭하는 문자열 형태이거나 배열 형태로 가로, 세로의 값도 전달이 가능합니다. 만약, 지정해준 크기의 이미지가 없다면 요구하는 크기의 바로 한 단계 큰 이미지를 출력합니다.

$attr에는 img 태그 출력 시 추가로 덧붙여줄 속성을 배열 형태로 전달해줄 수 있습니다. 예를 들어, 워드프레스가 기본으로 제공하는 css 클래스명 이외에 별개의 클래스명을 사용하고 싶다거나, 자바스크립트에서 'data-*'속성을 이용하여 값을 활용할 필요가 있는 경우에 사용 가능합니다.

3행에서 특성 이미지를 가지고 있다면, 5행에서 가로, 세로 70픽셀 크기의 썸네일을 출력 후 나머지 내용을 출력합니다.

여러 가지 이미지 사이즈

워드프레스는 업로드된 이미지에 대해서 여러 가지 크기의 이미지를 추가로 생성합니다. 용도 및 사용자 환경에 따라 최적의 크기로 이미지를 제공함으로써 빠른 웹페이지 전송을 꾀할 수 있습니다.

예를 들면, 갤러리 용도의 카테고리에서 게시물의 목록을 보여주는 화면이라면, 각각의 이미지 썸네일을 2~3MB나 되는 파일을 불러와 보여줄 필요는 없습니다. 대략 400px × 300px 정도의 크기로만 보여주고 해당 게시물을 선택해 들어갔을 때에야 전체 크기의 이미지를 보여주는 것이 옳겠습니다.

이와 같이 웹사이트 내에서 자주 쓰이는 용도의 크기를 미리 정해 놓으면, 이미지 업로드 시에 정의된 크기의 작은 이미지를 자동으로 생성할 수 있습니다.

add_image_size($name, $width, $height, $crop)

구분	기본 값	설명
$name	없음	이미지 크기를 칭하는 이름
$width	0	가로 크기
$height	0	세로 크기
$crop	false	잘라내기 방법

$name은 추가로 생성할 이미지 크기를 지칭하는 명칭으로 the_post_thumbnail() 등의 이미지 처리 관련 함수에서 이미지 크기를 나타내는 명칭으로 통용됩니다.

$width와 $height는 각각 픽셀 단위의 크기를 지정해줍니다. 0이면 무제한을 뜻합니다.

$crop는 큰 이미지를 $width와 $height에서 지정한 크기로 줄일때, 비율을 이탈하는 영

역의 처리 방법을 지정합니다. false이면 전체 이미지가 보일 수 있게, true이면 비율상 넘치는 영역은 잘라내어 줄여줍니다. 또, 잘라내기를 할 때 기준위치를 배열형태로 array(가로기준, 세로기준) 식으로 정해줄 수 있습니다. 가로기준으로는 'left', 'center', 'right'가, 세로기준으로는 'top', 'center', 'bottom'이 사용 가능합니다. true로만 지정되면 array('center', 'center')와 같습니다.

다음 표에서 각 설정에 따라 이미지가 잘라지는 방식을 비교해 보시기 바랍니다. 원본 이미지의 격자 하나는 100px X 100px 크기입니다.

원본

500 X 300

300 X 500

$width = 200
$height = 200
$crop = false

1	2	3	4	5
6	7	8	9	10
11	12	13	14	15

200 X 119

1	2	3
4	5	6
7	8	9
10	11	12
13	14	15

119 X 200

$width = 200
$height = 200
$crop = true

2	3	4
7	8	9
12	13	14

200 X 200

4	5	6
7	8	9
10	11	12

200 X 200

$width = 200
$height = 200
$crop = array(
 'right',
 'bottom'
)

3	4	5
8	9	10
13	14	15

200 X 200

7	8	9
10	11	12
13	14	15

200 X 200

테마 지원

```
$width = 200
$height = 0
$crop = array(
 'right',
 'bottom'
)
```

200 X 119

200 X 335

add_image_size()를 추가로 호출하여 몇 단계의 최적 이미지 크기라도 생성할 수 있지만, 이는 추가 호스팅 공간을 요구하고, 유지보수 차원에서도 부담을 증가시킬 수 있습니다. 기획단계에서 공통적으로 사용할 이미지 크기를 잘 설계하여 가능하면 적은 갯수의 이미지를 생성하는 것이 좋습니다.

워드프레스는 기본적으로 다음과 같은 단계의 추가 이미지를 생성하며, 이는 알림판 ⇨ 설정 ⇨ 미디어에서 설정 가능합니다.

```
add_image_size( 'thumbnail', 150, 150, true );

add_image_size( 'medium', 300, 300, false );

add_image_size( 'large', 1024, 1024, false );
```

웹사이트를 운영하다 보면 트랜드나 전략에 따라 디자인 변경을 위해 테마나 플러그인의 교체가 필요한 경우도 있습니다. 이때 새로운 환경에서 사용되는 이미지의 크기가 기존 환경에서 생성된 크기와 일치되지 않는다면 이미지 재생성 플러그인을 사용하여 새로운 환경에 최적화된 추가 이미지들을 재생성할 수 있습니다. 'thumbnail', 'regenerate' 등의 키워드로 플러그인을 검색하여 설치 후 사용하시기 바랍니다.

Regenerate Thumbnails

Please be patient while the thumbnails are regenerated. This can take a while if your server is slow (inexpensive hosting) or if you have many images. Do not navigate away from this page until this script is done or the thumbnails will not be resized. You will be notified via this page when the regenerating is completed.

77.8%

Abort Resizing Images

Debugging Information

Total Images: 9
Images Resized: 7
Resize Failures: 0

1. "GTAIV 2010-07-26 02-11-05-67" (ID 976) was successfully resized in 2.728 seconds.
2. "GTAIV 2010-07-26 02-08-23-24" (ID 975) was successfully resized in 2.474 seconds.
3. "GTAIV 2010-07-26 02-07-22-92" (ID 974) was successfully resized in 2.608 seconds.
4. "GTAIV 2010-07-26 02-06-34-10" (ID 973) was successfully resized in 2.473 seconds.
5. "GTAIV 2010-07-10 20-27-12-55" (ID 972) was successfully resized in 2.706 seconds.
6. "GTAIV 2010-07-10 20-26-24-72" (ID 971) was successfully resized in 2.780 seconds.
7. "GTAIV 2010-07-10 20-26-13-34" (ID 970) was successfully resized in 2.596 seconds.

7장_
사용자 정의하기

실시간 테마 설정 미리보기

The customizer API

워드프레스 3.4 버전부터 '사용자 정의하기'라는 메뉴가 추가 되었습니다. 관리자는 실제 사이트에 적용 이전에 색상, 위젯, 메뉴 등의 설정을 실시간으로 변경하여보고, 사이트를 방문 중인 사용자에게 시행착오 과정 동안의 혼선 없이, 최종 결정된 사항 만을 반영하여 보여줄 수 있는 편리한 기능 입니다. 이러한 기능을 위해 워드프레스는 customizer API 라는 프레임웍을 제공합니다.

관리자로 로그인 후 상단 어드민바의 '사용자 정의하기' 혹은 알림판 ▷ 외모 ▷ 사용자 정의하기로 들어가시면 좌우로 나뉜 화면에, 왼쪽에는 각 설정 항목들이 있고, 오른쪽에 실제 사이트의 외형이 있습니다.

'사용자 정의하기'에서 설정할 수 있는 부분은 기능 상으로는 어떤 것이라도 가능하지만, 기능의 성격 상 사이트 외형의 공통 부분에 대한 설정 기능을 주로 제공 합니다.

워드프레스는 기본적으로 '사이트 아이덴티티', '정적인 전면 페이지'의 설정을 제공하고 제작한 테마에서 기능 추가 여부에 따라 , '메뉴', '위젯' 등이 자동으로 추가 되기도 하지만, 이 설정이 실제 적용되도록 하는 것은 순전히 테마 개발자의 몫입니다.

제작 중인 사이트의 어드민 바에서 '사용자 정의하기'를 눌러보면, 관련 작업을 하나도 하지 않았는데 기본적으로 나오는 설정을 보실 수 있습니다. 이들 중 메뉴, 위젯, 정적 페이지 설정은 현재 정상적으로 갱신/반영 되지만 사이트 아이덴티티 하위 설정들은, 저장은 되지만 화면에 반영은 되지 않습니다. 이는 실제 화면과 설정 값들 간의 연동 작업이 안 되어 있어 그렇습니다.

이번 장에서는 워드프레스 템플릿을 제작하면서 헤더와 푸터에서 고정 내용으로 작성했던 내용들을 설정해 준 값에 의해 반영될 수 있도록 하고, 워드프레스가 제공하는 사용자 정의에서의 메뉴를 좀 더 직관적인 명칭 및 구조를 갖도록 수정해보도록 하겠습니다.

더 진행하기 전에, '사용자 정의하기' 관련 코드들을 별도의 파일로 관리하기 위해, 테마 폴더 하위 inc 폴더에 'it-customize.php' 파일을 추가하고, functions.php 상단에서 추가로 불러오는 코드를 추가해줍니다.

functions.php

```php
<?php
/**
 * functions.php - 기능 구현을 담당하는 파일입니다.
 *
 * @package theme-itssue
 */

require_once( 'inc/it-customize.php' );
...
```

custom-logo

앞 장에서 사용자 정의 로고를 활성화했다면 사용자 정의하기 ⇨ 사이트 아이덴티티 ⇨ 로고가 나타날 것입니다. 헤더 영역에 관련 설정과 연동되는 코드를 추가해보겠습니다.

header.php

```php
...
    <!-- 로고 이미지 -->
    <?php the_custom_logo(); ?>
    <!-- /로고 이미지 -->
...
```

기존에 작성했던 로고 이미지 주석 내의 내용을 수정합니다.

the_custom_logo($blog_id)		
구분	기본 값	설명
$blog_id	0	블로그 아이디

$blog_id에 해당하는 사이트의(멀티 사이트인 경우) 사용자 정의 로고 이미지를 출력해 줍니다. $blog_id가 생략된 경우 현재 사이트의 이미지를 출력합니다. 출력되는 결과는 랜딩페이지로 이동하는 링크까지 포함하는 html문자열로, 설정된 사용자 정의 로고가 없으면 아무것도 출력되지 않습니다.

custom-header

사용자 정의 헤더를 구현하기 위해서는 단순히 설정된 값을 출력해 주는 것 만으로 적용이 되지 않습니다. 조건에 따라 css스타일 구문의 조합이 필요하고 이렇게 작성된 css스타일 구문은 'wp_head' 액션 수행 시 참조되는 콜백 함수를 통하여 출력되도록 해당 기능을 구현합니다.

먼저, 사용자 정의 헤더 활성을 위해 추가했던 코드를 다음과 같이 수정합니다.

functions.php

```
1   ...
1   // 사용자 정의 헤더
2   $args = array(
3    'width' => 1080,
4    'height' => 148,
5    'default-text-color' => '551a8e',
6    'header-text' => true,
7    'wp-head-callback' => 'it_custom_header_style',
8    'admin-head-callback' => 'it_custom_header_admin_style',
9    'admin-preview-callback' => 'it_custom_header_admin_preview',
10  );
11  add_theme_support( 'custom-header', $args );
12   ...
```

앞에서 설정한 내용과 달라진 점은 사용자 설정이 화면에 반영되게 하기 위해 콜백 함수를 지정하는 값들이 추가가 되었습니다. 이 콜백 함수들에서는 **사용자 정의하기** ⇨ **사이트 아이덴티티** ⇨ **사이트 제목 및 태그라인 표시와 사용자 정의하기** ⇨ **색상** ⇨ **헤더 글 색상**에서 설정한 내용이 반영되도록 합니다.

wp-head-callback

사용자 화면에서 출력을 제어하기 위해 'wp_head' 액션 수행 시 실행될 콜백 함수입니다. 아래의 코드를 추가합니다.

inc/it-customize.php

```php
<?php
/**
 * functions.php - 기능 구현을 담당하는 파일입니다.
 *
 * @package theme-itssue
 */

// 헤더 이미지 & 헤더 글 색상 스타일
function it_custom_header_style() {
  if ( !current_theme_supports( 'custom-header' ) )
    return;
?>
  <style type="text/css" id="it-custom-header-css">
  <?php if ( $header_image = get_header_image() ) : ?>
    header {
      background-image: url("<?php echo $header_image; ?>");
    }
  <?php endif; ?>
  <?php
    if ( display_header_text() ) :
      $text_color = get_header_textcolor();
  ?>
    .site-title a {
      color: #<?php echo esc_attr( $text_color ); ?>;
```

```
25          }
26      <?php else : ?>
27        .site-title, .site-description {
28          display: none;
29        }
30      <?php endif; ?>
31      </style>
32    <?php
33    }
```

먼저 10행에서 현재 테마가 사용자 정의 헤더 기능을 사용하는지 검사합니다. 사용하지 않는 경우, 헤더 텍스트를 숨기거나 보이거나 그 어떤 코드도 필요 없기 때문에 아무런 출력 없이 함수를 종료합니다. 14행에서 헤더 이미지를 얻어, 이미지가 존재한다면 header 태그의 백그라운드 이미지로 추가합니다. 20행에서 '사이트 제목 및 태그라인 표시' 설정에 따라 색상을 지정해주거나, 텍스트 영역을 숨기는 스타일 구문을 출력해줍니다. 21행에서 '헤더 글 색상' 값을 얻어옵니다.

get_header_image()

헤더 이미지로 지정한 이미지의 주소를 반환하고, 없을 경우 false를 반환합니다. '업로드된 헤더 랜덤화'가 선택된 경우 헤더 이미지 목록 중 자동으로 무작위의 이미지 주소를 반환합니다.

display_header_text()

'사이트 제목 및 태그라인 표시'에서 설정한 값에 따라 텍스트 출력 여부를 반환합니다.

get_header_textcolor()

'헤더 글 색상' 값을 반환합니다. 설정된 값이 없을 경우 add_theme_support() 호출 시 지정해 준 'default-text-color' 값을 반환합니다.

이제 사용자 정의하기에서 헤더 이미지, 헤더 글 색상 설정이 적용되는 것을 확인하실 수 있습니다.

admin-head-callback

사용자의 브라우저가 자바스크립트를 사용할 수 없는 환경이라면, 사용자 정의 헤더 설정은 알림판 영역에서 수행하게 됩니다. 여기에서는 전체 스타일 중 헤더 영역을 미리보기하는 부분에 관여하는 스타일만을 옮겨줍니다.

inc/it-customize.php

```
...
// 헤더 이미지 & 헤더 글 색상 스타일 (JS 미지원)
function it_custom_header_admin_style() {
    $header_background = '';
    if ( $header_image = get_header_image() ) {
        $header_background = "background-image:url(\"{$header_image}\");";
    }
?>
    <style type="text/css" id="it-custom-header-admin-css">
        #it-custom-header {
            background-color: #fff;
            border: none;
            width: 1030px;
            height: 123px;
            padding: 25px 25px 0 25px;
            <?php echo $header_background; ?>
        }

        .site-logo {
            padding: 10px 0 30px;
            float: left;
            height: auto;
            text-align: center;
        }
```

```
26        .site-logo img {
27          max-width: 100%;
28          height: auto;
29        }
30
31        .site-branding {
32          float: left;
33          padding: 20px;
34        }
35
36        .header-right {
37          float: right;
38          font-size: 13px;
39          color: #000;
40          text-align: right;
41          margin-top: 20px;
42        }
43
44        .header-right a {
45          color: #000;
46          display: inline-block;
47          line-height: 180%;
48        }
49
50        .logo-extra {
51          float: right;
52          padding-left: 20px;
53        }
54
55        <?php
56          if ( display_header_text() ) :
57            $text_color = get_header_textcolor();
58        ?>
59          .site-title a {
60            color: #<?php echo esc_attr( $text_color ); ?>;
61          }
62        <?php else : ?>
63          .site-title, .site-description {
64            display: none;
65          }
66        <?php endif; ?>
67      </style>
68    <?php
69    }
```

style.css에서 헤더 영역에 관여하는 스타일과 사용자 정의 헤더의 설정에 따라 변경이 필요한 부분을 조합하여 스타일을 구성합니다. 알림판 영역에서 수행이 되기 때문에 실제 사용자 화면과의 구조적인 차이에서 오는 화면 상의 차이는(알림판 영역 스타일 시트에서 사용 중인 태그나 css 클래스 명) 필요한 경우 값을 보정하여 적용합니다.

admin-preview-callback

이제 실제 헤더 미리보기 영역의 html 출력 부분을 구현합니다.

먼저, 실제 헤더 파일과 미리보기 영역은 같은 내용을 필요로 하므로 별도의 액션 훅으로 처리하여 중복을 제거하도록 하겠습니다.

inc/it-customize.php

```php
...
// 헤더 이미지 & 헤더 글 색상 html
function it_print_header() {
?>
  <div class="site-logo">
    <!-- 로고 이미지 -->
    <?php the_custom_logo(); ?>
    <!-- /로고 이미지 -->
  </div><!-- .site-logo -->

  <div class="site-branding">
    <h1 class="site-title">
      <a href="<?php bloginfo( 'url' ); ?>" title="HOME">
        <?php bloginfo( 'name' ); ?>
      </a>
    </h1>
    <p class="site-description">
      <?php bloginfo( 'description' ); ?>
    </p>
  </div>
  <!-- 추가 로고 이미지 -->
```

```
22      <img src=
23        "<?php echo get_template_directory_uri(); ?>/images/logo-extra.png"
24        alt="추가 로고 이미지" class="logo-extra" />
25      <!-- /추가 로고 이미지 -->
26
27      <div class="header-right">
28        <!-- 사이트 연락처 -->
29        dev@itssue.co.kr
30        <!-- /사이트 연락처 -->
31      </div><!-- .header-right -->
32
33      <div class="clear"></div>
34  <?php
35  }
36  add_action( 'it_print_header', 'it_print_header' );
```

지금 추가한 액션의 구현부는 몇가지 사용자 정의 항목을 더 추가한 후 설정에 의해서 내용이 변경되게 끔 뒤에 다시 수정하도록 하겠습니다.

이제 실제 콜백 함수를 추가해줍니다.

inc/it-customize.php

```
1   ...
2   // 알림판 영역 헤더 미리보기(JS 미지원)
3   function it_custom_header_admin_preview() {
4   ?>
5     <div id="it-custom-header">
6     <?php do_action( 'it_print_header' ); ?>
7     </div>
8   <?php
9   }
```

알림판 영역에서 미리보기 영역을 구현하는데 주의하실 점은 관리자 화면 자체의 구현을 위한 스타일로부터 영향을 받지 않고 독립적인 영역을 위한 스타일 및 태그를 사용하여 구성해야 한다는 것입니다. 여기에서는 header 태그 대신 아이디를 사용한 div 태그로 변경하여 스타일 및 html을 구성하였습니다.

앞서 추가한 공통부분 처리를 위해 헤더 파일도 수정해줍니다.

header.php

```php
1   ...
2       <header>
3       <?php do_action( 'it_print_header' ); ?>
4         <!-- 메뉴 영역 -->
5         <div id="main-menu">
6           <?php
7           wp_nav_menu( array(
8             'theme_location'  => 'primary',
9             'container'       => 'nav',
10            'container_class' => 'normal',
11          ) );
12          ?>
13        </div><!-- #main-menu -->
14        <!-- /메뉴 영역 -->
15      </header>
16  ...
```

기존 헤더 영역에 메뉴를 제외한 부분은 모두 삭제하고 액션의 실행으로 대신했습니다.

사용자 정의 구성요소

'사용자 정의' 프레임워크는 전역 변수로 선언된 WP_Customize_Manager 클래스 객체 $wp_customize를 통하여 각 구성요소들의 추가, 수정 작업 등이 가능합니다. 구성요소로의 접근이나 제어를 하기 위한 API들도 그 명칭을 사용하여 명명되어 있으니 알아두시면 도움이 될 것입니다.

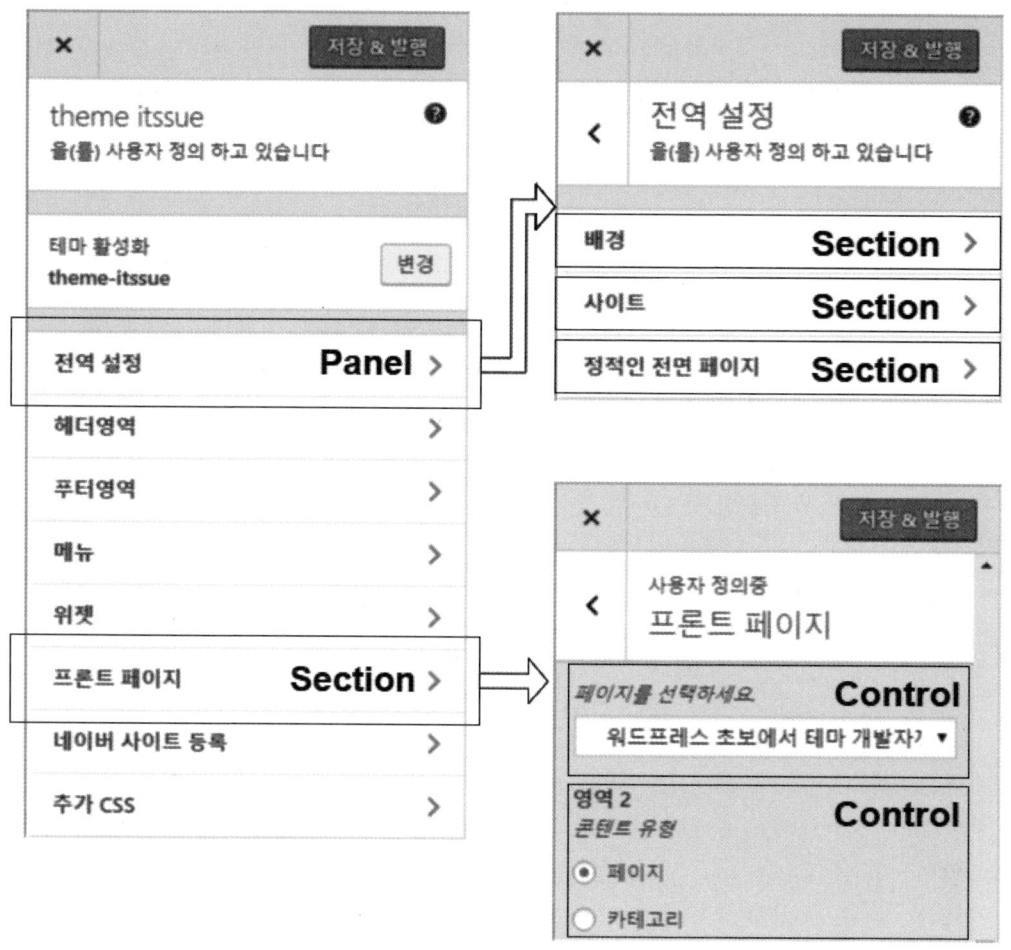

사용자 정의 프레임워크의 구성 요소로는 Panel, Section, Control, Setting이 있습니다. Control 과 Setting은 서로 연관되어 사용자가 Control을 조작하여 설정을 변경하고 그 변경된 값을 Setting에 저장합니다. 추후 Setting에 설정된 값을 참조하여 화면이나 동작을 구성하는데 사용합니다. 이 Control들을 성격이 비슷한 것들끼리 묶어서 Section을 구성하고, Section들도 하나의 묶음으로 나타낼 필요가 있다면 Panel 안에 여러개의 Section들을 합쳐 구성합니다.

사용자 정의하기 메뉴 구조

지금까지 구현한 사용자 정의하기 항목들은 워드프레스에 의해 기본 제공되거나 테마 지원 기능을 활성화함으로써 자동으로 추가된 항목들의 실제 화면 구현 부분을 작성했습니다. 자동으로 추가되다 보니 메뉴 구성이 의도치 않은 부분도 있고, 추가로 설정 항목을 추가하면서 관련된 것들끼리 특정 section이나 panel로 이동 배치할 필요성도 생깁니다.

워드프레스가 구성해 놓은 메뉴 구조를 조작하기 위해서는 생성 시에 핸들로 주어진 아이디 값을 알아낼 필요가 있습니다. 이 아이디 값을 알려면 워드프레스 코어 소스파일을 분석해 보아야 겠지만, 워드프레스는 항목을 구성할때 html 태그의 아이디 값을 핸들로 주어진 아이디를 조합하여 사용하므로 간단하게 html 소스보기를 통해서도 파악할 수 있습니다.

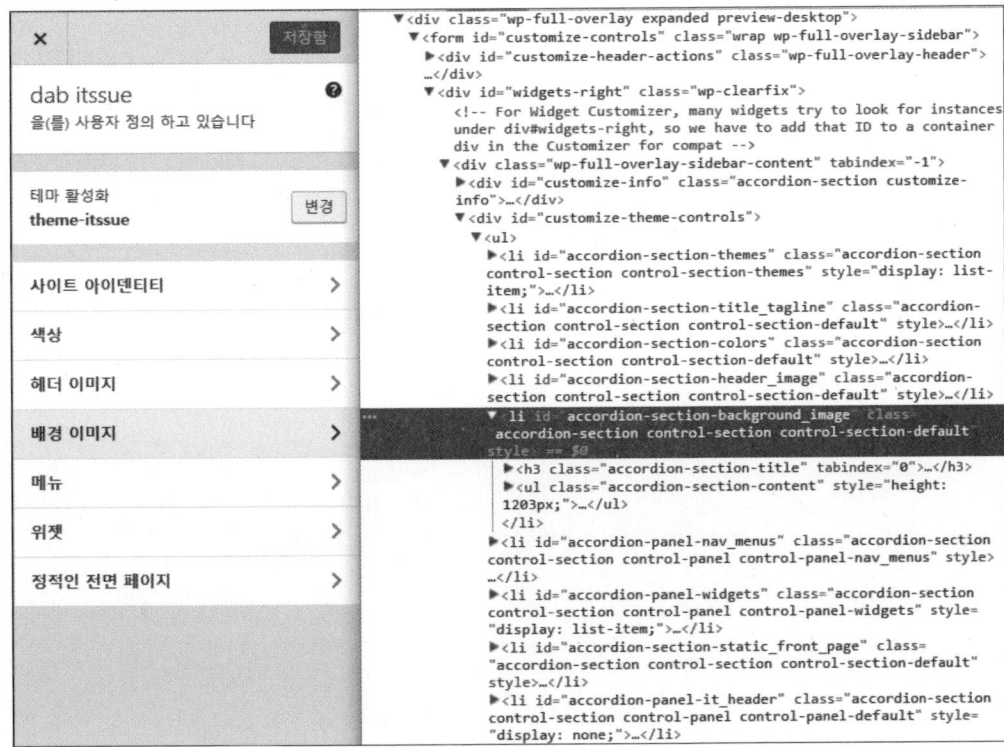

앞 이미지에서 '배경 이미지' 항목을 나타내는 오른쪽의 소스부분을 보면, li 태그가 사용되었고, 아이디는 'accordion-section-background_image'입니다. 이 아이디로부터 '배경 이미지'는 section이고 핸들로 사용되는 아이디는 'background_image'라는 것을 유추해낼 수 있습니다.

워드프레스가 제공하는 기본적인 사용자 정의하기 항목의 구성은 다음 표와 같습니다.

(유형 : P-panel, S-section, C-control)

명칭	유형	우선순위	ID	명칭	유형	우선순위	ID
테마 활성화	S	0	themes	각 테마	C		theme_{테마 명칭}
사이트 아이덴티티	S	20	title_tagline	로고	C	8	custom_logo
				사이트 제목	C	10	blogname
				태그라인	C	10	blogdescription
				사이트 제목 및 태그라인 표시	C	40	display_header_text
				사이트 아이콘	C	60	site_icon
색상	S	40	colors	헤더 글 색상	C	10	header_textcolor
				배경 색상	C	10	background_color
헤더 이미지	S	60	header_image	헤더 이미지	C	10	header_image
배경 이미지	S	80	background_image	배경 이미지	C	10	background_image
				배경 반복	C	10	background_repeat
				배경 포지션	C	10	background_position_x
				배경 첨부	C	10	background_attachment
메뉴	P	100	nav_menus	메뉴 위치	S	5	menu_locations
위젯	P	110	widgets	각 위젯 영역	S		sidebar-widgets-{사이드바 아이디}

정적인 전면 페이지	S	120	static_front_page	전면 페이지 표시	C	10	show_on_front
				전면 페이지	C	10	page_on_front
				글 페이지	C	10	page_for_posts
추가 CSS	S	200	custom_css	명칭없음	C	10	custom_css

메뉴와 위젯의 하위 항목은 사용자가 해당 항목을 등록하기에 따라 목록 구성이 달라집니다.

구성을 변경하기 위해서는 워드프레스가 사용자 정의하기 영역을 구성하는 'customize_register' 액션에서 수행합니다. 분류에 해당하는 panel 및 section을 몇 개 추가하고 관련 항목들을 그 하위에 모아보겠습니다.

inc/it-customize.php

```
...
// 사용자 정의하기 항목
function it_theme_customize_register( $wp_customize ) {
  // 전역 설정 panel
  $wp_customize->add_panel( 'it_customize_global', array(
    'priority' => 10,
    'title' => '전역 설정',
    'description' => '사이트에 전반적인 영향을 미치는 설정들을 관리합니다.',
  ) );
  $wp_customize->get_section( 'background_image' )->panel
              = 'it_customize_global';
  $wp_customize->get_section( 'background_image' )->title = '배경';
  $wp_customize->get_control( 'background_color' )->section
              = 'background_image';
  $wp_customize->get_section( 'custom_css' )->panel
              = 'it_customize_global';
  $wp_customize->get_section( 'static_front_page' )->panel
              = 'it_customize_global';
  $wp_customize->get_section( 'static_front_page' )->priority
              = 170;

  // 전역 설정 panel > 사이트 section
  $wp_customize->add_section( 'it_customize_site', array(
```

```php
        'title' => '사이트',
        'description' => '사이트의 기본정보를 관리합니다.',
        'panel' => 'it_customize_global',
    ) );
    $wp_customize->get_control( 'blogname' )->section
                = 'it_customize_site';
    $wp_customize->get_control( 'blogdescription' )->section
                = 'it_customize_site';
    $wp_customize->get_control( 'site_icon' )->section
                = 'it_customize_site';

    // 헤더영역 section
    $wp_customize->add_section( 'it_customize_header', array(
        'priority' => 40,
        'title' => '헤더영역',
        'description' => '헤더영역을 설정합니다.',
    ) );
    $wp_customize->get_control( 'custom_logo' )->section
                = 'it_customize_header';
    $wp_customize->get_control( 'display_header_text' )->section
                = 'it_customize_header';
    $wp_customize->get_control( 'header_textcolor' )->section
                = 'it_customize_header';
    $wp_customize->get_control( 'header_textcolor' )->priority
                = 50;
    $wp_customize->get_control( 'header_image' )->section
                = 'it_customize_header';
    $wp_customize->get_control( 'header_image' )->priority
                = 60;

    // 푸터영역 패널
    $wp_customize->add_section( 'it_customize_footer', array(
        'priority' => 50,
        'title' => '푸터영역',
        'description' => '푸터영역을 설정합니다.',
    ) );

    // 불필요 항목 삭제
    $wp_customize->remove_section( 'title_tagline' );
    $wp_customize->remove_section( 'colors' );
    $wp_customize->remove_section( 'header_image' );
}
add_action( 'customize_register', 'it_theme_customize_register' );
```

'customize_register' 액션 수행 시 주어지는 $wp_customize 객체를 활용하여 구성을 변경합니다. '사용자 정의'에서 주의해야 할 점은, 최상위 메뉴에서는 panel, section은 추가할 수 있지만, control을 배치할 순 없습니다. 또, panel 하위에 section 추가는 가능하지만 control은 불가능합니다. section 하위에는 control 추가만 가능합니다. 사용자 정의 메뉴를 구성할 때는 이 점을 유의하여 구조를 설계하세요. 즉, 다음의 구성만 가능합니다.

최상위메뉴 → panel → section → control
최상위메뉴 → section → control

5행에서 먼저 '전역 설정'이라는 panel을 추가합니다. 10행에서 '배경 이미지' section을 좀 전 추가한 '전역 설정' panel로 옮겨주고, 12행에서 기존의 이름을 '배경 이미지'와 '배경 색상' 모두를 포함하는 의미를 가지도록 '배경'이라고 변경해줍니다.

13행에서 '배경 색상'을 조금 전 타이틀을 변경한 '배경' section으로 이동합니다. 15행에서 '추가 CSS' section도 이동합니다. 17행에서는 '정적인 전면 페이지' section 전체를 '전역 설정' panel 하위로 옮기고, 여러 section 중 하단에 배치하기 위하여 19행에서 우선 순위를 170으로 변경합니다. 23행에서 '전역 설정' 하위에 배치할 section을 추가하고, 관련 control들을 옮겨옵니다. 36행과 55행에서 헤더와 푸터 영역은 하위에 control들만 배치하려고 section으로 추가합니다.

62행부터는 하위 항목이 없어 불필요한 secion들을 제거합니다. section을 굳이 제거하지 않아도 워드프레스는 하위 항목이 없는 panel이나 section은 화면 상에 나타나지 않지만, css 스타일로 감춰놓은 것일 뿐 소스보기로 확인해보면 관련항목이 존재하는 것을 확인할 수 있습니다. 마찬가지 이유로 55행에서 추가한 '푸터 영역' section은 아직 화면에 보이지 않습니다.

panel, section, control, setting을 제어하는 WP_Customize_Manager 객체의 메소드는

모두 add_, remove_, get_ 등의 접두어와 조합하여 이루어져 있습니다. 그 중 panel과 section은 영역을 담당하는 객체로, 파라메터의 구성도 거의 대동소이합니다.

WP_Customize_Manager::add_panel($id, $args)
WP_Customize_Manager::add_section($id, $args)

구분		기본 값	설명
$id		없음	객체를 구분할 아이디 혹은 객체 인스턴스
$args	'priority'	160	우선순위
	'capability'	'edit_theme_options'	적용 권한
	'theme_supports'	''	테마 지원 연동
	'title'	''	제목
	'description'	''	설명
	'active_callback'	''	활성 판단 콜백 함수
	'panel'	''	상위 panel(section 에서만)

이 함수를 사용하면 호출 결과로 생성된 객체가 반환됩니다.

$id는 객체를 구분할 아이디를 정해주거나 panel이나 section 객체 자체를 지정해줍니다. 앞에서 추가했던 '전역 설정' panel은 아래와 같이 추가할 수도 있습니다.

```
$wp_customize->add_panel(
  new WP_Customize_Panel( $wp_customize, 'it_customize_global', array(
    'priority' => 10,
    'title' => '전역 설정',
    'description' => '사이트에 전반적인 영향을 미치는 설정들을 관리합니다.',
  )
) );
```

이와 같이 객체 자체를 생성한 후 추가할 때는 $args의 값은 무시되고, 아이디를 나타내는 문자열을 사용하여 지정과 동시에 객체를 생성할 때만 사용됩니다.

'priority' 값을 별도로 지정하여 화면 상에서 순서를 조절할 때 사용합니다. 작은 값은 화면상의 상위에, 큰 값은 하위에 나타납니다.

'capability' 값은 특정 권한을 가진 사용자에게만 항목이 보이도록 할 때 사용할 수 있는 값으로, 사용자 정의 하기가 테마의 기능 및 설정을 변경할 수 있는 기능이므로 'edit_theme_options' 권한을 기본 값으로 가집니다.

'theme_supports'를 지정하면 특정 테마 지원 기능이 활성화되었을 때만 영역이 노출되도록 제한할 수 있습니다.

'title'과 'description'의 값으로 항목의 제목과 설명을 지정합니다.

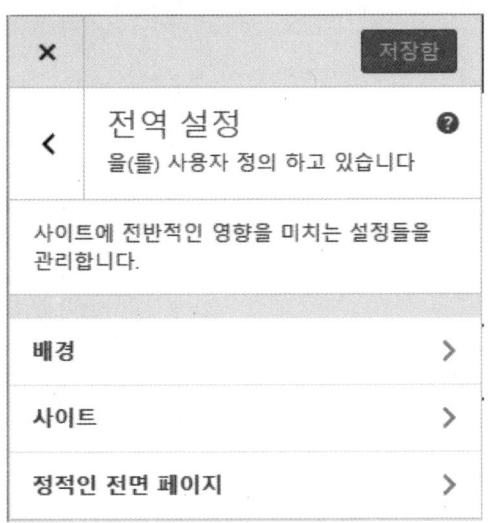

'active_callback'은 해당 영역의 출력 여부를 결정하는 콜백 함수를 지정합니다. 콜백 함수의 반환 값이 false이면 해당 영역은 출력되지 않습니다. 콜백 함수를 사용하지 않고, 'customize_panel_active' 필터 훅을 통해서도 출력 여부를 제어할 수 있습니다.

'panel' 값은 section의 경우에만 적용됩니다. WP_Customize_Manager::add_section()

호출 시, 해당 값을 상위 panel의 아이디로 지정해주면 그 하위로 추가가 되고, 생략하면 최상위 메뉴에 추가됩니다(panel은 항상 최상위에만 추가 가능).

```
WP_Customize_Manager::remove_panel( $id )
WP_Customize_Manager::remove_section( $id )
```

구분	기본 값	설명
$id	없음	제거할 영역의 아이디

$id로 지정해준 panel 혹은 section을 제거합니다.

```
WP_Customize_Manager::get_panel( $id )
WP_Customize_Manager::get_section( $id )
```

구분	기본 값	설명
$id	없음	얻고자 하는 영역의 아이디

$id에 해당하는 객체의 인스턴스를 반환합니다. 이렇게 해서 얻은 객체를 통해, 생성 시 설정된 값들을 변경하여 위치를 이동하거나 우선순위 변경, 제목 변경 등의 작업을 수행할 수 있습니다.

이제 사용자 정의하기 메뉴를 확인해보면, 변경된 메뉴 구조를 확인할 수 있습니다.

사용자 정의하기 제공 컨트롤

지금까지는 테마 지원 기능을 통해 워드프레스가 추가한 control들의 객체를 얻어 위치를 변경해보았습니다. 이외에 개발자가 추가로 제공하고 싶은 설정이 있다면, 적당한 section에 control을 추가하고, 그 추가한 control이 변경되었을 때 변경 사항을 화면에 반영되게 기능을 추가할 수 있습니다.

워드프레스는 '사용자 정의하기'를 위해 여러 가지 control들을 제공합니다. 가장 기본적인 기능의 WP_Customize_Control 클래스가 있고, 다른 control들은 이 클래스를 상속받아 구현됩니다.

WP_Customize_Control - text

단순 텍스트의 입력이나 체크박스, 라디오 선택 등 html의 태그로 구현되는 간단한 입력을 처리하기 위한 기능을 제공합니다.

먼저, 헤더 영역에 연락처를 사용자 입력으로 변경할 수 있도록 텍스트 입력 control을 추가해보겠습니다. 앞에서 추가했던 'customize_register' 액션 훅의 수행 부분에 덧붙여 작성합니다.

inc/it_customize.php

```
1   function it_theme_customize_register( $wp_customize ) {
2     ...
3     // 헤더영역 > 사이트 연락처 control
4     $wp_customize->add_setting( 'header_contact', array(
5       'default' => '연락처를 설정하세요.',
6     ) );
7     $wp_customize->add_control(
8       new WP_Customize_Control( $wp_customize, 'header_contact', array(
9         'label' => '사이트 연락처',
10        'description' => '사이트의 연락처를 입력합니다.',
11        'section' => 'it_customize_header',
12        'settings' => 'header_contact',
13      ) )
14    );
15  }
```

4행에서 현재 추가하려는 control과 연결된, 값의 저장 요소인 setting을 먼저 추가해줍니다. 7행에서 사용자 입력 화면의 구현부인 control을 추가해줍니다. control이 위치할 section은 'it_customize_header'이고, 값의 저장을 담당할 setting은 4행에서 추가하면서 아이디로 지정해준 'header_contact'을 지정합니다. control을 추가할 때는 항상 setting의 추가가 선행되어야 한다는 것을 주의하시기 바랍니다.

```
WP_Customize_Manager::add_setting( $id, $args )
WP_Customize_Manager::add_control( $id, $args )
```

구분	기본 값	설명
$id	없음	객체를 구분할 아이디 혹은 객체 인스턴스
$args	array()	객체 생성 시 전달할 파라메터

add_setting()과 add_control()은 동일한 함수 구조를 가지고 있습니다. $id는 이미 생성한 객체 자체를 전달할 수도 있고, 그렇지 않으면 주어진 $id를 아이디로 갖는 setting/control을 새로 생성하며, 이때 생성자의 파라메터로 $args를 넘겨주어 객체 마다 고유의 설정을 갖도록 합니다.

$id로 문자열 형태의 아이디를 전달할 경우, add_setting()은 WP_Customize_Setting 클래스 객체를, add_control()은 WP_Customize_Control 클래스 객체를 생성합니다. 만약, 이 기본형 이외의 다른 클래스 객체를 생성할 필요가 있다면 해당 객체를 생성하여 객체 인스턴스 자체를 전달하는 방법으로 setting이나 control을 추가 하여야 합니다.

이 외에 add_setting()의 경우 'customize_dynamic_setting_class' 필터 훅을 사용하여 기본 클래스(WP_Customize_Setting)가 아닌 다른 클래스를 사용하여 객체를 생성할 수 있는 방법을 추가로 제공합니다.

```
WP_Customize_Setting( $manager, $id, $args )
```

구분	기본 값	설명
$manager	없음	제어를 담당할 WP_Customize_Manager 객체
$id	없음	객체를 구분할 아이디

$args 기본 값 : array()	'type'	'theme_mod'	값의 저장 방법
	'capability'	'edit_theme_options'	적용 권한
	'theme_supports'	''	테마 지원 연동
	'default'	''	기본 값
	'transport'	'refresh'	미리보기 적용 방법
	'sanitize_callback'	''	입력 값의 유효화 콜백 함수
	'sanitize_js_callback'	''	javascript에 전달할 값의 유효화 콜백 함수

$manager는 지금 추가하는 setting를 제어할 객체를 지정합니다. add_setting()/add_control()을 통하여 생성될 때에는 $this가, 즉 WP_Customize_Manager 객체가 지정됩니다.

$id로 지정하는 아이디 값이 control과 연결할 핸들 값이 됩니다. control을 추가할 때 파라메터 중 'setting'의 값을 여기에서 지정하는 값과 일치시켜주면 연동됩니다.

'type'은 'theme_mod'와 'option'의 값을 가질 수 있습니다. 'option'으로 지정하면 데이터베이스의 options 테이블에 $id를 키로하는 값으로 저장됩니다. 'theme_mod'로 지정하면 실제로 options 테이블에 저장이 되기는 하지만 "theme_mods_{테마이름}" 형태의 키로 여러 값들을 직렬화한(serialized) 값으로 저장하기 때문에 테마마다 고유한 저장소를 가진 효과를 가질 수 있습니다. 테마에서 추가한 기능에 대해서는 테마에 종속성을 갖도록 'theme_mod'로, 플러그인에서 추가한 기능이라면 테마의 교체여부와 상관없도록 'option'으로 지정하는 것이 적절하겠습니다.

'capability'는 권한을 지정하여 값을 변경할 수 있는 사용자를 제한할 수 있습니다.

'theme_supports'를 지정하면 특정 테마 지원 기능이 활성화되었을 때만 설정이 노출되도록 제한할 수 있습니다.

'default'를 지정하면 기본 값으로 되돌아 갈 수 있는 기능이 추가로 활성화됩니다.

'transport'는 사용자가 변경한 값을 미리보기 영역에 반영하는 방법을 나타내는 값으로, 'refresh'와 'postMessage' 중 하나의 값을 가질 수 있습니다. 기본 값인 'refresh' 상태에서는 미리보기 영역을 새로고침하여 화면을 갱신하고, 'postMessage'는 http 프로토콜의 'post' 방식으로 데이터 전달을 의미하는데 뒤에서 자세히 알아보겠습니다.

'sanitize_callback'은 control에 입력된 값을 유효한 값으로 필터링하는 함수명을 지정합니다. 실제로 필터 훅에 의해 수행되므로, 필터 훅 형태의 함수여야 합니다. 'sanitize_js_callback'은 자바스크립트로 값을 사용하기 위해 값의 변형이 필요할 경우 사용되는 함수로 이 역시 필터 훅 형태의 함수여야 합니다.

WP_Customize_Control($manager, $id, $args)

구분		기본 값	설명
$manager		없음	제어를 담당할 WP_Customize_Manager 객체
$id		없음	객체를 구분할 아이디
$args 기본 값 : array()	'settings'	없음	연관 setting
	'capability'	없음	적용 권한
	'priority'	10	우선 순위
	'section'	''	상위 section
	'label'	''	제목
	'description'	''	설명
	'choices'	array()	선택 항목
	'input_attrs'	array()	태그에 추가할 속성
	'type'	'text'	control 유형
	'active_callback'	''	활성 판단 콜백 함수

$manager는 지금 추가하는 control을 제어할 객체를 지정합니다.

$id는 control을 구분하기 위한 아이디입니다.

'settings'는 WP_Customize_Manager::add_setting()으로 추가해준 setting의 아이디를 지정합니다. 단, 위의 $id가 setting의 아이디와 동일하다면 생략이 가능합니다.

만약, control을 직접 구현할 경우 여러 setting의 값을 참조할 필요가 있다면, 각각 구분할 수 있는 키 값과 setting 아이디를 배열 형태로 값을 지정해 줄 수 있습니다. 하나의 setting 아이디만 전달한다면 내부적으로 그 값을 'default'라는 키를 가지는 배열 형태로 변환합니다. 마찬가지로 여러 개의 값을 $key => $value 쌍으로 된 배열을 전달할 경우에도 'default' 키가 있는 경우에만 기본 값으로 되돌리는 기능이 동작합니다.

'choices'는 사용자 입력이 보기 중 선택이 필요한(radio, select) 경우 그 선택 가능한 값들을 제공하기 위한 항목 입니다.

'input_attrs'에는 input 태그에 추가로 입력할 속성 값을 제공합니다. 아래 'type'의 값이 html의 input 태그로 구성되는 경우(number, hidden 등)에만 적용됩니다.

'type'에는 어떤 유형의 control을 사용할 것인지 지정합니다. 기본 WP_Customize_Control 클래스에서는 checkbox, radio, select, textarea, dropdown-pages 등의 구현이 되어 있으며, 그 이외의 'type'에 대해서는 〈input type="{type}" /〉의 형태로 구현되기 때문에 date, number, range 등의 유형도 가능하지만, html5에서나 지원되는 유형들이니 사용에 주의하시기 바랍니다.

이제 '사용자 정의하기'로 가서 확인해보면 '헤더 영역' 하위에 '사이트 연락처' control이 추가된 것을 확인할 수 있지만, 아직 실제 화면에 반영되진 않습니다. 아래 구현부를 추가해보도록 하겠습니다.

inc/it-customize.php

```
1   function it_print_header() {
2   ...
3           <!-- 사이트 연락처 -->
4       <p class="site-contact">
5         <?php echo
6         get_theme_mod( 'header_contact', '연락처를 설정하세요.' ); ?>
7       </p>
8           <!-- /사이트 연락처 -->
9   ...
10  }
```

앞에서 헤더 영역을 출력하기 위해 작성한 함수 내 '사이트 연락처' 주석 안의 내용을 수정하였습니다.

get_theme_mod($name, $default)

구분	기본 값	설명
$name	없음	setting 아이디
$default	false	기본 값

$name에 setting을 추가 시 지정해준 아이디를 사용하여 저장된 값을 얻습니다. 만약, 설정된 값이 없다면 $default에 지정해준 값을 그대로 반환합니다.

이제 설정 값이 적용되어 미리보기 영역에 반영되고, 저장 후 사용자 화면에도 반영되는 것을 확인할 수 있습니다.

앞에서 setting을 추가할 때 'sanitize_callback'에 대해서 알아보겠습니다.

inc/it-customize.php

```
1   function it_theme_customize_register( $wp_customize ) {
2   ...
```

```
3        // 헤더영역 > 사이트 연락처 control
4        $wp_customize->add_setting( 'header_contact', array(
5            'default' => '연락처를 설정하세요.',
6            'sanitize_callback' => 'sanitize_email',
7        ) );
8    }
```

지금 막 추가한 코드에서 'sanitize_callback'만 추가해주었습니다.

이제 이메일 주소를 한 자 한 자 입력하면서 실제 화면에 반영되는 값을 보면 올바른 이메일 주소 형태만 화면에 출력되는 것을 확인할 수 있습니다. sanitize_email()은 문자열을 파라미터로 받아 올바른 이메일 주소를 반환해주는 워드프레스 제공 함수입니다.

'사용자 정의하기'의 모든 개체들은 설정 변경 시 화면제어를 자바스크립트에서도 가능하도록 자바스크립트 영역에도 접근할 방법을 제공을 하는데, 지금 추가한 setting과 control과 같은 설정 항목들에 대해서는 _wpCustomizeSettings 라는 객체에 담겨 있습니다.

다음은 브라우저의 콘솔창에서 setting과 control을 조회해 본 화면입니다.

_wpCustomizeSettings.settings['header_contact']

```
> _wpCustomizeSettings.settings['header_contact']
< ▼ Object {value: "연락처를 설정하세요.", transport: "refresh", dirty: false}
      dirty: false
      transport: "refresh"
      value: "연락처를 설정하세요."
    ▶ __proto__: Object
```

_wpCustomizeSettings.controls['header_contact']

```
> _wpCustomizeSettings.controls['header_contact']
< ▼ Object {settings: Object, type: "text", priority: 10, active: true, section: "it_customize_header"…}
      active: true
      content: "<li id="customize-control-header_contact" class="customize-control customize-control-text">
      description: "사이트의 연락처를 입력합니다."
      instanceNumber: 22
      label: "사이트 연락처"
      priority: 10
      section: "it_customize_header"
    ▼ settings: Object
        default: "header_contact"
      ▶ __proto__: Object
      type: "text"
    ▶ __proto__: Object
```

WP_Customize_Control - checkbox

단순한 기능의 On/Off를 선택하는 설정이라면 checkbox 형태의 control이 적합합니다. 앞에서 추가한 '사이트 연락처'의 표시 여부를 checkbox의 선택에 따라 결정되도록 수정해보겠습니다.

inc/it-customize.php

```
1   function it_theme_customize_register( $wp_customize ) {
2   ...
3    // 헤더영역 > 사이트 연락처 보이기 control
4    $wp_customize->add_setting( 'header_contact_show', array(
5      'default' => true,
6    ) );
7    $wp_customize->add_control(
8      new WP_Customize_Control( $wp_customize, 'header_contact_show',
9        array(
10         'priority' => 9,
11         'label' => '사이트 연락처 보이기',
12         'type' => 'checkbox',
13         'section' => 'it_customize_header',
14         'settings' => 'header_contact_show',
15       )
16     )
17   );
18  }
```

마찬가지로 setting과 control을 추가해주고, '사이트 연락처'보다 먼저 나오도록 'priority'는 9, 그리고 'type'은 checkbox로 해주었습니다.

inc/it-customize.php

```
1   function it_print_header() {
2   ...
3     <!-- 사이트 연락처 -->
4     <?php
5       $display
```

```
 6              = get_theme_mod( 'header_contact_show', true )
 7              ? 'block' : 'none';
 8          ?>
 9          <p class="site-contact" style="display:<?php echo $display; ?>">
10            <?php echo
11              get_theme_mod( 'header_contact', '연락처를 설정하세요.' ); ?>
12          </p>
13          <!-- /사이트 연락처 -->...
14      }
```

실제 화면 내용을 출력하는 구현 부분에서 위 설정에 따라 적용이 되게 작성해줍니다.

이제 설정에 따라 화면에 적용은 되지만 한 가지 더, 만약 연락처 항목을 보이지 않길 원한다면, 항목 중 '사이트 연락처' control도 화면상에서 보여질 필요가 없습니다.

inc/it-customize.php

```
 1      function it_theme_customize_register( $wp_customize ) {
 2      ...
 3          // 헤더영역 > 사이트 연락처 control
 4          $wp_customize->add_setting( 'header_contact', array(
 5            'default' => '연락처를 설정하세요.',
 6          ) );
 7          $wp_customize->add_control(
 8            new WP_Customize_Control( $wp_customize, 'header_contact', array(
 9              'label' => '사이트 연락처',
10              'description' => '사이트의 연락처를 입력합니다.',
11              'section' => 'it_customize_header',
12              'settings' => 'header_contact',
13              'active_callback' => 'it_show_header_contact',
14            ) )
15          );
16      ...
17      }
```

앞에서 추가한 '사이트 연락처' control을 추가하는 부분에서 'active_callback'를 추가하였습니다. 해당 콜백 함수를 추가해줍니다.

inc/it-customize.php

```
1   ...
2   // 사이트 연락처 보이기 여부
3   function it_show_header_contact() {
4     return get_theme_mod( 'header_contact_show', true );
5   }
```

이제 '사이트 연락처 보이기'의 체크 여부에 따라 미리보기 영역의 갱신뿐 아니라, '사이트 연락처' control 또한 나타나고 숨겨지는 것을 확인할 수 있습니다.

WP_Customize_Control - radio

이번에는 라디오 선택 버튼 control을 추가해보겠습니다. 이 책이 제공하는 테마 기본 파일들 중, 스타일 시트에는 메뉴에 할당하는 css 클래스에 따라 풀다운 메뉴와 메가 메뉴로 표현되게끔 스타일을 제작해놓았습니다.

inc/it-customize.php

```
1   function it_theme_customize_register( $wp_customize ) {
2     ...
3     // 메뉴 > 메뉴 유형
4     $wp_customize->add_section( 'it_customize_menu_type_section', array(
5       'priority' => 1,
6       'panel' => 'nav_menus',
7       'title' => '메뉴 유형',
8       'description' => '메뉴가 확장되는 유형을 선택합니다.',
9     ) );
10    $wp_customize->add_setting( 'it_customize_menu_type', array(
11      'default' => 'normal',
12    ) );
13    $wp_customize->add_control(
14      new WP_Customize_Control( $wp_customize, 'it_customize_menu_type',
        array(
15        'label' => '메뉴 유형',
16        'section' => 'it_customize_menu_type_section',
17        'type' => 'radio',
```

```
18              'choices'
19                  => array( 'normal' => '풀다운 메뉴', 'mega' => '메가 메뉴' ),
20              )
21          )
22      );
23  }
```

'사용자 정의하기'의 '메뉴'라는 메뉴는 panel이기 때문에 control을 바로 적재할 수 없습니다. 4행에서 section을 추가하면서 가장 위에 보이기 위해 'priority'는 1로 설정해 주었습니다. 13행에서 control을 추가할 때, 두 가지 중 하나를 선택하는 설정이므로 'radio'로, 그 선택 항목들은 'choices'에 전달해줍니다. 'choices'의 전달 항목 중 키는 input 태그의 value 항목으로, 값은 텍스트 부분으로 됩니다.

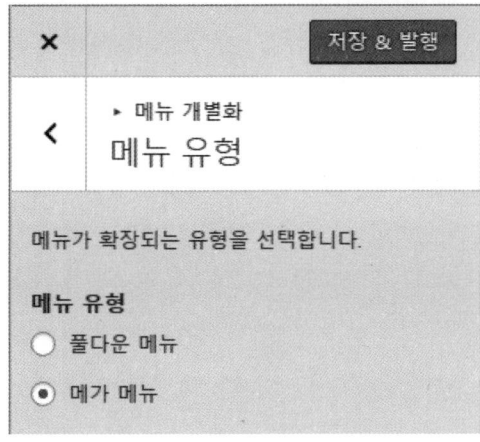

이제 실제 화면 반영 부분인 헤더 파일의 '메뉴 영역' 주석 내의 코드를 수정합니다.

header.php

```
1   ...
2       <!-- 메뉴 영역 -->
3       <div id="main-menu">
4           <?php
5           wp_nav_menu( array(
6               'theme_location'   => 'primary',
7               'container'        => 'nav',
```

```
 8              'container_class' =>
 9                  get_theme_mod( 'it_customize_menu_type', 'normal' ),
10          ) );
11      ?>
12      </div><!-- #main-menu -->
13  <!-- /메뉴 영역 -->
14  ...
```

wp_nav_menu() 함수의 호출 시 전달 값 중 'container_class' 항목만 설정된 값이 반영되도록 변경하였습니다. 이제 '메뉴 유형'을 변경한 후, 미리보기 영역에서 메뉴에 마우스를 hover하면 하위 메뉴가 펼쳐지는 방식이 다르게 작동하는 것을 확인할 수 있습니다.

WP_Customize_Control - textarea

푸터 영역에 출력 될 내용을 textarea를 사용하여 자유롭게 설정이 가능하도록 추가해보겠습니다.

inc/it-customize.php

```
 1   function it_theme_customize_register( $wp_customize ) {
 2   ...
 3    // 푸터영역 > 푸터 텍스트 control
 4    $wp_customize->add_setting( 'footer_text', array(
 5      'default' => '',
 6    ) );
 7    $wp_customize->add_control(
 8      new WP_Customize_Control( $wp_customize, 'footer_text', array(
 9        'label' => '푸터 텍스트',
10        'description' =>
11          '푸터 영역에 출력할 텍스트를 입력합니다. 태그 사용이 가능합니다.',
12        'priority' => 11,
13        'type' => 'textarea',
14        'section' => 'it_customize_footer',
15        'settings' => 'footer_text',
16      ) )
17    );
18   }
```

'type'을 'textarea'로 설정하여 텍스트 입력을 받습니다.

footer.php

```
1    ...
2      <footer>
3        <div class="footer-inner">
4          <?php echo get_theme_mod( 'footer_text' ); ?>
5        </div><!-- .footer-inner -->
6      </footer>
7    ...
```

footer-inner 클래스를 가진 div 내부의 내용은 설정된 값을 얻어오는 코드로 모두 대체하고, 추가된 textarea control에는 적절한 내용을 작성하여 저장합니다(html 태그의 사용도 가능합니다).

WP_Customize_Color_Control

'배경 색상'이나 '헤더 글 색상'에서 보았던 색상 선택 control입니다. 푸터의 배경 색을 지정하는 데 적용해보겠습니다. 앞에서 추가했던 'customize_register' 액션 훅의 수행 부분에 덧붙여 작성합니다.

inc/it-customize.php

```
1    function it_theme_customize_register( $wp_customize ) {
2    ...
3      // 푸터 영역 > 푸터 배경색 control
4      $wp_customize->add_setting( 'footer_background_color', array(
5        'default' => '#a2a2a2',
6      ) );
7      $wp_customize->add_control(
8        new WP_Customize_Color_Control( $wp_customize, 'footer_bg_color',
9          array(
10           'label' => '푸터 배경색',
11           'section' => 'it_customize_footer',
12           'settings' => 'footer_background_color',
```

```
13          )
14        ) );
15     }
```

이제 '사용자 정의하기'로 가서 확인해보면 드디어 '푸터영역'이 활성화되고 하위에 '푸터 배경색' control이 추가된 것을 확인할 수 있지만, 아직 실제 화면에 반영되진 않습니다. 아래 구현부를 추가해보도록 하겠습니다.

inc/it-customize.php

```
1     ...
2     // 푸터 영역 배경색 스타일
3     function it_customize_style() {
4     ?>
5       <style type="text/css">
6         footer {
7           background-color:
8             <?php
9             echo get_theme_mod( 'footer_background_color', '#a2a2a2' );
10            ?>;
11        }
12      </style>
13    <?php
14    }
15    add_action( 'wp_head', 'it_customize_style' );
```

'wp_head' 액션 훅에서 동적으로 footer 태그의 배경색을 지정하는 스타일 구문을 추가해줍니다. 이제 설정 값이 적용되어 미리보기에 반영되고, 저장 후 사용자 화면에도 반영되는 것을 확인할 수 있습니다.

WP_Customize_Cropped_Image_Control

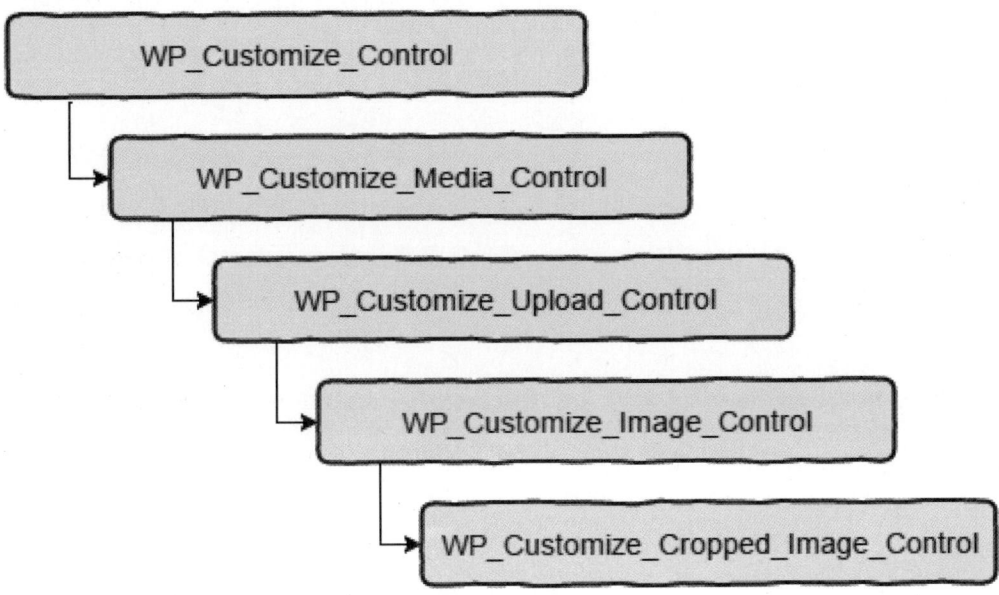

위 이미지의 상속 관계에서 볼 수 있듯이 WP_Customize_Cropped_Image_Control은 미디어의 업로드가 가능하고 그 중 이미지 처리에 특화된 클래스입니다. 헤더의 오른쪽 부분에 추가 로고를 입력하는 control을 추가할 텐데, 특정 이미지 사이즈로 고정할 필요가 있어 crop 기능이 가능한 control을 사용하였습니다.

inc/it-customize.php

```
function it_theme_customize_register( $wp_customize ) {
...
  // 헤더영역 > 추가 로고 control
  $wp_customize->add_setting( 'header_extra_logo', array(
    'default' => '',
  ) );
  $wp_customize->add_control(
    new WP_Customize_Cropped_Image_Control( $wp_customize,
      'header_extra_logo', array(
        'label' => '추가 로고',
        'priority' => 100,
```

```
12          'section' => 'it_customize_header',
13          'width' => 75,
14          'height' => 88,
15          'button_labels' => array(
16            'frame_title'   => '추가 로고',
17          ),
18        ) )
19      );
20    }
```

기존 control과 다른 점이라면, control 클래스를 WP_Customize_Cropped_Image_Control을 사용하였고, 전달하는 설정 값 중 width와 height가 추가되었습니다.

WP_Customize_Cropped_Image_Control($manager, $id, $args)

구분		기본 값	설명
$manager		없음	제어를 담당할 WP_Customize_Manager 객체
$id		없음	객체를 구분할 아이디
$args 기본 값 : array()	'settings'	없음	연관 setting
	'capability'	없음	적용 권한
	'priority'	10	우선 순위
	'section'	''	상위 section
	'label'	''	제목
	'description'	''	설명
	'active_callback'	''	활성 판단 콜백 함수
	'width'	150	이미지 폭
	'height'	150	이미지 높이
	'flex_width'	false	폭 사용자 정의 허용 여부
	'flex_height'	false	높이 사용자 정의 허용 여부
	'button_labels'	다음 표 참조	버튼 텍스트

'button_labels'는 배열 형태의 키와 값의 쌍으로, 각 버튼들의 텍스트를 변경할 수 있습니다.

색인	기본 값	출력 조건
'select'	'이미지를 선택하세요'	선택된 이미지가 없는 경우
'change'	'이미지 변경하기'	이미지가 선택된 경우
'remove'	'삭제'	이미지가 선택된 경우
'default'	'기본'	기본 값이 설정된 경우
'placeholder'	'이미지가 선택되지 않았습니다'	선택된 이미지가 없는 경우
'frame_title'	'이미지를 선택하세요'	이미지 선택창의 제목

지정한 로고가 헤더에 반영되게 수정합니다.

inc/it-customize.php

```php
function it_print_header() {
...
    <!-- 추가 로고 이미지 -->
    <?php if ( $extra_logo = get_theme_mod( 'header_extra_logo' ) ) : ?>
      <img src=
        "<?php echo wp_get_attachment_image_url( $extra_logo ); ?>"
        alt="추가 로고 이미지" class="logo-extra" />
    <?php endif; ?>
      <!-- /추가 로고 이미지 -->
...
}
```

wp_get_attachment_image_url($attachment_id, $size, $icon)

구분	기본 값	설명
$attachment_id	없음	첨부 이미지 아이디
$size	'thumbnail'	얻으려는 이미지 사이즈
$icon	false	아이콘 이미지 여부

$attachment_id에 해당하는 첨부파일 이미지를 얻어옵니다.

$size에서 지정한 크기의 이미지 주소를 반환합니다. $size의 값은 이미지 크기를 칭하는 문자열 형태나 배열 형태이며 가로, 세로의 값도 전달이 가능합니다. 만약, 지정해준 크기의 이미지가 없다면 가지고 있는 이미지들 중 요구하는 크기보다 한 단계 큰 이미지를 출력합니다.

$icon을 true로 설정한 경우 첨부파일의 mime 타입에 따라 그에 해당하는 아이콘 이미지 주소를 반환합니다. 단, 이미지인 경우에는 그 이미지 자체의 주소가 반환됩니다. 첨부파일들에 대해 다운로드 링크를 제공하려는 경우에, 각 파일을 이름만 나타낼 것이 아니라 시각적으로 파일의 종류를 표현할 수 있어 유용합니다. false로 설정된 경우, 첨부파일이 이미지가 아니라면 false가 반환됩니다.

미리보기 세련되게 적용하기

지금까지 setting을 추가할 때 'transport'는 생략하여 기본 값인 'refresh'로 적용이 되었습니다. 추가한 control에서 값을 변경해보면 미리보기 영역이 잠시 깜빡이면서 적용이 되는 것을 확인할 수 있습니다. 말 그대로 화면이 refresh 되면서 적용이 되어 그렇습니다. 매번 변경이 발생할 때마다 서버에 부하가 발생하고, 경우에 따라 변경사항이 즉시 반영 안 되는 경우도 있습니다(색상 선택 control에서 마우스로 드래그하는 경우 등).

'transport' 값을 'postMessage' 방식으로 설정하면 화면 전체를 갱신하는 대신, 일부 영역에 해당하는 부분만 서버에 요청하여 변경하거나, 자바스크립트를 통해서 서버로의 요청이 전혀 없이 클라이언트 단에서 처리가 가능합니다.

자바스크립트에서 적용

사용자가 설정을 변경하는 시점에서 자바스크립트를 통해 DOM 구조를 변경하여 화면

상에 변경사항을 반영합니다. 모든 처리가 사용자 브라우저상에서 발생하기 때문에 서버로의 요청이 없어 아무런 부하를 발생시키지 않고, 가장 빠른 반응 속도를 보입니다.

먼저 추가해준 setting들 중 몇 가지의 생성 단계에서 관련 파라메터를 추가해줍니다.

inc/it-customize.php

```
1   function it_theme_customize_register( $wp_customize ) {
2     ...
3     // 헤더영역 > 사이트 연락처 보이기 control
4     $wp_customize->add_setting( 'header_contact_show', array(
5       'default' => true,
6       'transport' => 'postMessage',
7     ) );
8     ...
9     // 메뉴 > 메뉴 유형
10    $wp_customize->add_setting( 'it_customize_menu_type', array(
11      'default' => 'normal',
12      'transport' => 'postMessage',
13    ) );
14    ...
15    // 푸터영역 > 푸터 배경색 control
16    $wp_customize->add_setting( 'footer_background_color', array(
17      'default' => '#a2a2a2',
18      'transport' => 'postMessage',
19    ) );
20    ...
21    // WP 기본 setting -> postMessage
22    $wp_customize->get_setting( 'header_textcolor' )->transport
23                            = 'postMessage';
24  }
```

마지막에 추가한 부분은 워드프레스가 기본으로 추가해주는 '헤더 글 색상' control에 대한 setting의 변경으로 앞에서 section이나 control의 위치를 변경할 때 사용했던 방법과 동일한 방법으로, 해당 setting을 얻어 'transport' 설정만 변경해주었습니다.

다음은 실시간 변경사항 적용을 위한 스크립트를 링크해줍니다.

inc/it-customize.php

```
1    ...
2    // 사용자 정의하기 스크립트 enqueue
3    function it_enqueue_customizer_js() {
4      wp_enqueue_script( 'it-customizer-js'
5        , get_template_directory_uri(). '/js/customizer.js'
6        , array( 'jquery', 'customize-preview' )
7      );
8    }
9    add_action( 'customize_preview_init', 'it_enqueue_customizer_js' );
```

'사용자 정의하기' 화면에서만 수행되는 'customize_preview_init' 액션에서 스크립트를 링크해주고, 'jquery.js'와 'customize-preview.js'에 의존성이 있으니 먼저 링크되어야 합니다.

이제 실제 적용을 담당하는 스크립트를 작성해보겠습니다. 위 스크립트 링크하는 구문에서 사용한 경로대로 테마폴더 하위에 'js'폴더를 생성하고 그 하위에 파일을 작성합니다.

js/customizer.js

```
1    (function($){
2    // 헤더영역 > 사이트 연락처 보이기
3    wp.customize('header_contact_show', function(value) {
4      var el = $('p.site-contact');
5      value.bind(function(newval) {
6        el.css('display', newval ? 'block' : 'none');
7      });
8    });
9
10   // 헤더영역 > 헤더 글 색상
11   wp.customize('header_textcolor', function(value) {
12     var el = $('.site-title a');
13     value.bind(function(newval) {
14       el.css('color', newval);
15     });
16   });
17
```

```
18      // 메뉴 > 메뉴 유형
19      wp.customize('it_customize_menu_type', function(value) {
20        var el = $('#main-menu nav');
21        value.bind(function(newval, oldval) {
22          el.removeClass(oldval).addClass(newval);
23        });
24      });
25
26      // 푸터영역 > 푸터 배경색
27      wp.customize('footer_background_color', function(value) {
28        var el = $('footer');
29        value.bind(function(newval) {
30          el.css('background-color', newval);
31        });
32      });
33    })(jQuery);
```

워드프레스는 '사용자 정의하기'가 실행될 때 각 설정 항목에 해당하는 객체들을 자바스크립트 영역에도 생성합니다. 그리고 wp.customize() 호출을 통해 생성 시 수행될 콜백 함수를 설정할 수 있습니다.

wp.customize(id, callBack)

구분	기본 값	설명
id	없음	setting의 아이디
callBack	없음	수행할 콜백 함수

id로 주어진 setting의 생성 시 callBack으로 주어진 콜백 함수를 수행합니다. 이때 콜백 함수의 인자로 주어지는 파라메터는 설정항목 인스턴스가 전달됩니다.

wp.customize.Value.bind(handler)

구분	기본 값	설명
handler	없음	변경 이벤트 핸들러

값이 변경되었을 때 수행될 함수를 지정합니다. 파라메터는 새로 입력된 값과, 변경 이전의 값이 전달됩니다.

이제 푸터 영역의 배경색을 변경해보면 드래그 중일지라도 색상에 따라서 바로바로 변경되는 것을 확인할 수 있습니다. 기타 다른 항목들도 refresh 때문에 발생하던 깜빡임 없이 바로 적용이 됩니다.

부분 영역 변경 적용

자바스크립트로 적용하는 방법과 달리 서버로 요청이 발생하지만, 갱신 되는 영역을 특정지을 수 있기 때문에 서버는 전체 페이지를 다시 생성할 필요 없이 일부분만 응답을 하면 됩니다. 서버의 부하를 다소 감소 시킬 수 있고, 무엇보다 이 방법의 장점은 미리보기 화면에서 수정하고자 하는 영역을 '쉬프트+클릭'하거나 연필모양의 아이콘을 클릭했을 시, 해당하는 control이 자동으로 왼쪽 설정 부분에 포커스를 얻게 되어 UX적 편의성을 제공한다는 점입니다.

아래 소스에서는 익명 함수를 사용하여 콜백 함수를 구현하였습니다. 만약, 여러분이 실행하는 환경이 php 5.3보다 하위 버전을 사용하는 경우라면, 일반적인 함수 선언과 함수명을 문자열 형태로 전달하는 방법으로 변경하여 'render_callback'의 값을 입력하시기 바랍니다.

우선 앞에서와 같이 변경 방법을 'postMessage'로 변경해줍니다.

inc/it-customize.php

```
1  function it_theme_customize_register( $wp_customize ) {
2    ...
3    // 헤더영역 > 사이트 연락처 control
4    $wp_customize->add_setting( 'header_contact', array(
5      'default' => '연락처를 설정하세요.',
6      'sanitize_callback' => 'sanitize_email',
```

```
 7        'transport' => 'postMessage',
 8      ) );
 9    ...
10    // 푸터영역 > 푸터 텍스트 control
11    $wp_customize->add_setting( 'footer_text', array(
12      'default' => '',
13      'transport' => 'postMessage',
14    ) );
15  }
```

다음, 부분 갱신을 위한 구현부를 추가합니다.

inc/it-customize.php

```
 1  function it_theme_customize_register( $wp_customize ) {
 2  ...
 3    // 부분 갱신 영역
 4    $wp_customize->get_setting( 'blogname' )->transport
 5              = 'postMessage';
 6    $wp_customize->get_setting( 'blogdescription' )->transport
 7              = 'postMessage';
 8    $wp_customize->selective_refresh->add_partial( 'blogname',
 9      array(
10        'selector' => '.site-title a',
11        'render_callback'
12          => function() { return get_bloginfo( 'name' ); },
13      )
14    );
15    $wp_customize->selective_refresh->add_partial( 'blogdescription',
16      array(
17        'selector' => 'p.site-description',
18        'render_callback'
19          => function() { return get_bloginfo( 'description' ); },
20      )
21    );
22    $wp_customize->selective_refresh->add_partial( 'header_contact',
23      array(
24        'selector' => '.site-contact',
25        'render_callback' => function() {
26          return get_theme_mod( 'header_contact', '연락처를 설정하세요.' );
27        },
```

```
28              )
29          );
30          $wp_customize->selective_refresh->add_partial( 'footer_text',
31              array(
32                  'selector' => 'div.footer-inner',
33                  'render_callback'
34                      => function() { return get_theme_mod( 'footer_text' ); }
35              )
36          );
37      }
```

부분적인 변경사항 적용은 WP_Customize_Manager가 가지고 있는 맴버변수인 WP_Customize_Selective_Refresh 객체가 담당합니다.

이제 미리보기 영역에서 여기서 구현해준 영역을 '쉬프트+클릭' 혹은 수정 아이콘을 클릭해 보면 원편 설정 부분에 해당하는 control이 위치한 section이 자동으로 열리고, 그 control이 포커스를 가지고 있는 것을 확인할 수 있습니다.

값을 변경해보면, 전체가 갱신되지 않고, 지정된 영역만 잠시 깜빡이며 갱신됩니다.

WP_Customize_Selective_Refresh::add_partial($id, $args)

구분	기본 값	설명
$id	없음	객체를 구분할 아이디 혹은 객체 인스턴스
$args	array()	객체 생성 시 전달할 파라메터

$id는 이미 생성한 객체 자체를 전달할 수도 있고, 그렇지 않으면 주어진 $id를 아이디로 갖는 WP_Customize_Partial을 새로 생성하며, 이때 생성자의 파라메터로 $args를 넘겨주어 객체 마다 고유의 설정을 갖도록 합니다.

기본형 이외의 다른 클래스 객체를 생성할 필요가 있다면 해당 객체를 생성하여 객체 인스턴스 자체를 전달하거나 'customize_dynamic_partial_class' 필터 훅을 사용하여 기본 클래스가 아닌 다른 클래스를 사용하여 객체를 생성할 수 있습니다.

WP_Customize_Partial($component, $id, $args)

구분		기본 값	설명
$component		없음	부분 갱신을 담당할 객체
$id		없음	객체를 구분할 아이디
$args 기본 값 : array()	'selector'	없음	갱신할 영역 jQuery 선택자
	'settings'	$id	관련 setting 아이디
	'primary_setting'	'settings'의 첫 번째 요소	대표 setting 아이디
	'capability'	없음	적용 권한
	'render_callback'	없음	갱신 될 콘텐트 제공 콜백 함수
$args 기본 값 : array()	'container_inclusive'	false	갱신 시 컨테이너 포함 여부
	'fallback_refresh'	true	실패 시 전체 갱신 여부

$compoment는 지금 추가하는 부분 갱신 영역을 제어할 객체를 지정합니다. add_partiall()을 통하여 생성될 때에는 $this가, 즉 WP_Customize_Selective_Refresh 객체가 지정됩니다.

$id로 지정하는 아이디 값은 현재 추가하는 부분 갱신 영역을 구분할 핸들 값이 됩니다. 이 값을 setting을 추가할 때 사용한 아이디와 일치 시켜주면 'settings'나 'primary_setting'의 지정 없이 연동이 가능합니다.

'selector'는 변경이 발생하여 갱신이 필요한 영역의 jQuery 선택자를 입력해줍니다.

'settings'는 현재 갱신이 필요한 영역과 관련이 있는 setting들의 아이디를 나타내는 값으로, 만약 여기에 여러 setting 아이디를 배열 형태로 기술하여 준다면, 그 중 어떤 setting이 변경되더라도 부분 갱신이 발생합니다. 한 영역의 내용을 구성하기 위해 여러 setting의 값을 조합 혹은 참조할 필요가 있는 경우 유용합니다.

'primary_setting'은 '쉬프트+클릭' 혹은 수정 아이콘을 클릭 시, 왼쪽 설정 부분에 포커스를 얻게 할 대표 setting을 지정합니다. 이 값이 생략되면 위 'settings'의 첫 번째 요소가 할당됩니다.

'capability'는 권한을 지정하여 값을 변경할 수 있는 사용자를 제한할 수 있습니다.

'render_callback'은 setting값의 변화가 생겼을 때 부분 갱신 영역의 콘텐트를 반환하는 콜백 함수를 지정합니다. 이 값이 지정되지 않으면 transport의 값이 'refresh'를 지정했을 때 처럼 전체 영역이 갱신 되니 주의하시기 바랍니다.

'container_inclusive'가 false이면 부분 갱신 시 'selector'영역의 내부 노드만 갱신이 되지만, true이면 'selector'영역 자체가 갱신이 발생합니다. 즉, true로 된다면, 위 'render_callback'에서 콘텐트 생성 시 'selector'를 포함한 내용을 반환해 주어야 합니다. 예를 들어 위 소스의 'blogname' 부분 갱신 영역을 추가하는 코드에서

'container_inclusive' => true

문장을 추가한다면, 'render_callback'의 함수 구현부는

return '<p class="site-description">'. get_bloginfo('description'). '</p>';

와 같이 변경해주어야 합니다.

'fallback_refresh'는 'render_callback' 수행 결과가 실패인 경우, 전체 화면의 갱신을 시도할 지를 설정 합니다. 이 값이 true인 경우 'render_callback' 함수가 없거나 아무런 값도 반환하지 않는다면, 전체 영역을 갱신해서 변경 사항을 반영합니다.

부분 영역 갱신 방법으로 구현 시는 별도의 자바스크립트의 구현 없이도 고 수준의 사용자 편의를 제공할 수 있고, 자바스크립트 만으로는 갱신 영역의 콘텐트 출력이 곤란한 경우, 즉 php 영역의 수행 결과가 필요한 경우에 주로 사용됩니다.

참조 : 네이버 사이트 등록

2015년 12월, 네이버 사이트 검색 노출을 위한 검색등록 서비스가 종료되고, 웹마스터 도구를 통한 검색반영 신청으로 변경되었습니다. 이는 검색에 필요한 정보를 메타태그, OG(Open Graph)태그와 같은 웹표준 로직을 이용한 방법이므로 웹문서 영역에 해당 정보들을 노출할 필요가 있습니다.

네이버 검색엔진 로봇이 필요로하는 정보로는 소유확인코드, OG 태그, 사이트맵, RSS feed 등이 있습니다. 이 중 Open Graph 정보 제공을 위해서는 JetPack이나 All inOne SEO Pack, SEO yoast 등의 플러그인에서 제공해주지만, 소유확인코드와 robots.txt 파일 등 몇 가지 추가 작업이 필요합니다.

우선 플러그인 검색을 통해 적당한 검색엔진 최적화 플러그인을 설치, 활성화하고, 소스 보기를 통해 다음 메타 태그들이 제대로 출력되는지 확인합니다.

```
<meta name="description" content="......" />
<meta property="og:title" content="......" />
<meta property="og:description" content="......" />
```

검색 엔진의 방문 시 요청을 승인하기 위해 알림판 ⇨ 설정 ⇨ 읽기에서 '검색 엔진 접근 여부'의 체크 박스를 해제하시고, 웹 서비스 루트 경로에 아래 파일을 생성해 줍니다.

robots.txt

```
User-agent: *
Disallow:
```

다음, 사이트 소유 확인을 위한 태그 출력을 앞 장에서 학습한 '사용자 정의하기'를 활용하여 추가해 보도록 하겠습니다.

네이버 웹마스터도구(http://webmastertool.naver.com/)로 접속하여 로그인 후, 사이트 추가를 해줍니다.

다음 단계로 소유 확인을 위한 방법 중 'HTML 태그'를 활용한 방법을 선택하고, 제공된 메타 태그의 content 속성으로 주어진 '소유 확인 코드'를 따로 저장해놓습니다.

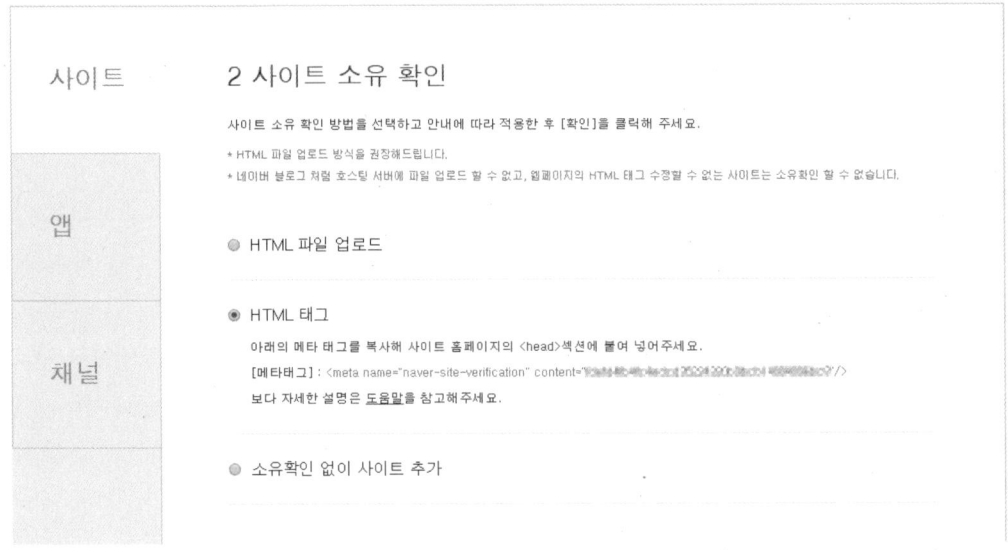

inc/it-customize.php

function it_theme_customize_register($wp_customize) {

```
1      ...
2      // 네이버 사이트 등록
3      $wp_customize->add_section( 'it_customize_naver_reg', array(
4        'title' => '네이버 사이트 등록',
5        'description' => '네이버에 사이트를 등록하기 위한 정보를 입력합니다.',
6        'panel' => 'it_customize_global',
7        'priority' => 200,
8      ) );
9      $wp_customize->add_setting( 'it_customize_naver_meta', array(
```

```
10          'transport' => 'postMessage',
11      ) );
12      $wp_customize->add_control(
13        new WP_Customize_Control( $wp_customize, 'it_customize_naver_meta',
14          array(
15            'label' => '소유 확인 코드',
16            'description' => '네이버 웹마스터도구에서 제공한 소유 확인 코드를 입력해
              주세요.',
17            'type' => 'text',
18            'section' => 'it_customize_naver_reg',
19        ) )
20      );
21    }
```

4행에서 새로운 섹션을 추가하고, '전역 설정' panel 하위에 위치시킵니다. 11행에서 화면 반영 방법을 'postMessage'로 설정한 이유는, 소유 확인을 위해 메타 태그를 추가할 텐데, 메타 태그 자체는 화면에 영향을 주지 않습니다. 'postMessage'로 해주고, 구현부는 생략하여 입력한 값이 변하더라도 실제론 아무 변화가 일어나지 않도록 구현합니다.

값을 입력 받았으니, 실제 HTML에 적용하는 코드를 추가합니다.

inc/it-customize.php

```
1     ...
2     // 네이버 소유 확인 코드
3     function it_naver_meta() {
4       if ( $code = get_theme_mod( 'it_customize_naver_meta' ) ) {
5         printf( '<meta name="naver-site-verification" content="%s" />',
6           $code
7         );
8       }
9     }
10    add_action( 'wp_head', 'it_naver_meta' );
```

입력된 코드가 있는 경우, 그 코드를 내용으로 가지는 메타 태그를 출력합니다.

'사용자 정의하기'에서 소유확인 코드를 입력/저장한 후 이제 네이버 웹마스터도구에서

요청 ⇨ 웹 페이지 수집에서 수집을 요청하고 1~2분 정도 후에 현황 ⇨ 사이트 최적화에서 확인 해보면, 녹색 체크 표시가 된 것을 확인할 수 있습니다.

사이트 최적화 현황

항목	상태	내용
사이트 제목	✓	itssue - 잇슈테마
사이트 설명	✓	잇슈테마
Open Graph 제목	✓	itssue - 잇슈테마
Open Graph 설명	✓	잇슈테마
robots.txt	✓	robots.txt 가 존재합니다.
로봇 메타 태그	✓	메인 페이지를 수집, 색인할 수 있도록 설정되어있습니다.
사이트 맵	✗	사이트 맵이 제출되지 않았습니다.
RSS	✗	RSS가 제출되지 않았습니다.
모바일 사용성	✗	모바일 환경에 최적화된 반응형 웹사이트가 아닙니다.

* 변경하신 정보는 검색 로봇이 사이트에 재방문한 이후 갱신됩니다.
* HTML 마크업 변경, RSS 및 사이트맵 제출 이후라도 검색로봇이 방문하지 않은 경우는 이전 정보가 노출됩니다.
* 사이트명, 설명은 수집된 정보를 사용하기 때문에 웹마스터도구에서 수정할 수 없습니다. 관련 HTML태그를 수정해주세요.

'사이트 맵'은 설치하신 SEO 플러그인의 관리화면을 참조하여 플러그인이 제공하는 사이트 맵의 접근 주소를 웹마스터도구 요청 ⇨ 사이트맵 제출에서 입력합니다.

'RSS'는 고유주소가 '기본'인 경우 주소 뒤에 '?feed=rss'를, 그 외의 경우에는 '/feed'를 덧붙여줍니다.

예) '기본'인 경우 http://dab.itssue.co.kr?feed=rss
그 외의 경우 http://dab.itssue.co.kr/feed

'모바일 사용성"은 웹 사이트가 viewport 메타 태그를 사용하거나 별도의 모바일 주소를 제공하고 있으면 초록색 마크를 얻을 수 있습니다.

자세한 정보는 네이버의 '웹마스터도구 도움말 및 가이드'를 참조하세요.

8장_ 메인 페이지

front-page.php

⌄

home.php

⌄

index.php

메인 페이지에 대한 고찰

메인 페이지 혹은 랜딩 페이지(Landing page)란 웹사이트 주소 뒷 부분에 어떠한 파라메터나 경로 없이 주소를 입력했을 때 보여지는 페이지로 서버설정에서 지정해 줄 수 있습니다. php는 관행적으로 index.php로 설정됩니다.

워드프레스에서는 템플릿 로더에 의해 사용될 템플릿이 할당되고, 구현 파일 기준의 테마 구조에서 보았듯이 계층구조를 통해, 동종의 콘텐트라도 다른 템플릿을 사용하여 화면 표출이 가능합니다. 그 계층구조의 마지막에는 항상 index.php가 있습니다. 즉, 워드프레스 테마의 index.php는 기존 웹사이트 제작 방법에서의 그 역할이 더 이상 아닙니다. 가능하면 사용되지 않게 제작하시기 바랍니다.

메인 페이지를 위해 index.php를 사용하여 구현하는 오류를 범하지 마십시오.

알림판 ⇨ 설정 ⇨ 읽기에는 '전면 페이지 표시'라는 항목이 있습니다. 기본적으로 '최근 글'이 선택되어 있는데, '정적인 페이지'를 선택해서 활성화된 '전면 페이지'나 '글 페이지' 선택상자에서 특정 페이지를 선택해주면 원하는 대로 메인 페이지를 지정해줄 수 있습니다.

여기서 몇 가지 알고 넘어가야 할 것들이 있습니다. '전면 페이지'와 '글 페이지' 모두 설정하면 메인 페이지는 '전면 페이지'의 설정을 따르고, '글 페이지'의 설정은 본연의 기능인 '블로그 홈'으로만 적용됩니다. 지금까지 만든 테마를 기준으로 '전면 페이지'는 page.php, '글 페이지'는 index.php가 템플릿으로 사용됩니다.

또, 전역 $wp_query 객체에 담기는 내용도 다릅니다. '최근 글'이나 '글 페이지'로 설정되는 템플릿에는 최근 작성된 글들이 주어지는 반면, '전면 페이지'로 설정된 템플릿에는 그 글 자체의 콘텐트만 주어집니다. 이를 간단히 표로 나타내보면 다음과 같습니다.

전면 페이지 표시 설정	사용 템플릿	WP_Query 내용
최근 글	index.php	최근 글들
전면 페이지만 설정	page.php	전면 페이지 설정 글
글 페이지만 설정	index.php	최근 글들
전면 페이지, 글 페이지 모두 설정	page.php	전면 페이지 설정 글

front-page.php 대 home.php

앞 장에서 설명한 대로 '전면 페이지'와 '블로그 홈'은 각각 page.php와 index.php가 사용되지만, 이를 대신하는 템플릿도 존재합니다.

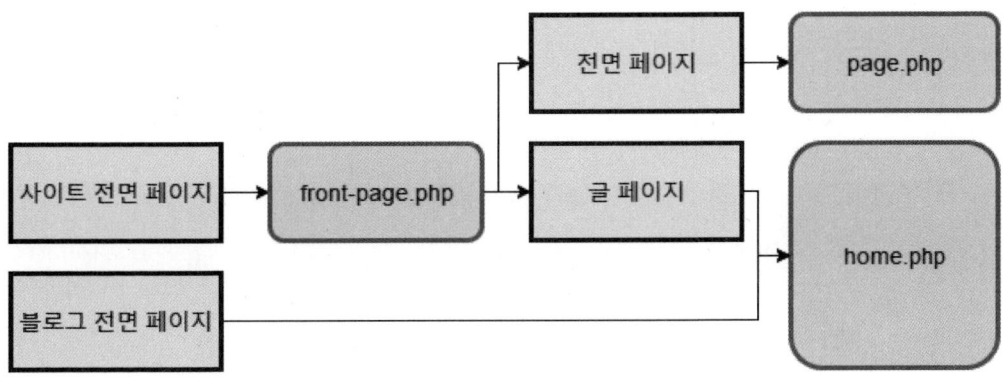

home.php 파일이 존재하면 메인 페이지를 위해 index.php를 대신하게 됩니다. 마찬가지로, front-page.php 파일이 존재하는 경우에도 index.php를 대신하게 됩니다. 다만, 주의할 점은 home.php만 생성하고 알림판 ⇨ 설정 ⇨ 읽기에서 '전면 페이지'를 설정한 경우 위 구조도에서 보이듯 템플릿의 흐름은 page.php로 흘러가게 됩니다. 절대적인 메인 페이지를 고정하기 위해서는 front-page.php를 작성하시기 바랍니다. 한 가지 더, front-page.php를 작성했다면, '전면 페이지'의 설정에 따라 메인 쿼리의 내용이 달라집니다. '전면 페이지'는 설정 하지 않고, '글 페이지'만 설정해준다면 사용되는 템플릿은 front-page.php 일지라도 전역 $wp_query 객체는 최근 글 목록을 가지게 된다는 점 입니다. 즉, 설정에 따라 전역 $wp_query 객체의 내용이 특정 페이지가 될 수도 있고 최근 글 목록이 될 수도 있으니, 메인 화면에서 워드프레스가 제공하는 전역 $wp_query를 이용하시려면 이 점을 고려하시어 제작하시기 바랍니다.

구성요소 준비하기

메인 페이지는 방문자가 최초로 방문하게 되는 페이지입니다. 강한 인상을 주기 위해 텍스트보다는 이미지를 사용하여 메시지를 전달합니다. 새로이 갱신된 소식을 요약해서 보여주거나 방문자로 하여금 관심을 가질 만한 콘텐트를 배치하여 사이트에 더 머무르도록 유도합니다. 대개의 경우 사이트 내의 다른 페이지들과는 레이아웃도 차별화되고 구성요소도 달라지게 됩니다.

이 책에서 제작 중인 테마에서는 간단히 이미지 슬라이더와 사이트 내의 대표적인 카테고리나 정적 페이지로 이동할 수 있는 링크를 몇 가지 추가하고, 페이스북 타임라인을 추가해보도록 하겠습니다.

먼저, 이미지 슬라이더를 위해 meta slider 플러그인을 설치합니다. meta slider를 선택한 이유는 평점이 좋고 사용하기 편해서입니다. 사용자가 선택한 이미지를 슬라이더 형태로 사용할 수 있게 숏코드를 제공하는 플러그인이라면 어떤 것이든 상관 없습니다.

다음, 페이스북 타임라인을 위해 Facebook By WebLizar 플러그인을 설치합니다. 이 또한 숏코드로 간단히 불러올 수 있는 기능을 제공하기에 선택했습니다.

메인 페이지 사용자 정의 하기

앞 장에서 '사용자 정의 하기' 기능을 추가하는 방법을 알아보았습니다. 해당 기능을 사용하여 화면 각 영역을 설정할 수 있는 기능을 추가해 볼 텐데, 한 가지 문제가 있습니다. 워드프레스가 기본 제공하는 control 중에는 페이지를 선택할 수 있는 control은 존재하나 카테고리를 선택할 수 있는 것은 없습니다. 카테고리 선택 control을 먼저 추가하겠습니다. 테마 폴더에 아래 코드 내용을 가지는 파일을 새로 추가합니다.

inc/class-it-customize-control.php

```
1   <?php
2   /**
3    * class-it-customize-control.php - ITSSUE Customize Control class
4    *
5    * @package theme-itssue
6    */
7   require_once( ABSPATH. WPINC. '/class-wp-customize-control.php' );
8
9   class IT_Customize_Control extends WP_Customize_Control {
```

```php
10      protected function render_content() {
11        switch( $this->type ) {
12          case 'dropdown-categories':
13            ?>
14            <label>
15            <?php if ( ! empty( $this->label ) ) : ?>
16              <span class="customize-control-title">
17                <?php echo esc_html( $this->label ); ?>
18              </span>
19            <?php endif;
20            if ( ! empty( $this->description ) ) : ?>
21              <span class="description customize-control-description">
22                <?php echo $this->description; ?>
23              </span>
24            <?php endif; ?>
25
26            <?php $dropdown = wp_dropdown_categories(
27              array(
28                'orderby' => 'slug',
29                'show_count' => true,
30                'hide_empty' => false,
31                'echo' => false,
32                'selected' => $this->value(),
33                'hierarchical' => true,
34                'name' => '_customize-dropdown-categories-' . $this->id,
35              )
36            );
37
38            $dropdown = str_replace( '<select',
39              '<select ' . $this->get_link(), $dropdown );
40            echo $dropdown;
41            ?>
42            </label>
43            <?php
44            break;
45
46          default:
47            parent::render_content();
48            break;
49        }
50      }
51    }
```

사용자 정의 하기 control들의 최상위 클래스인 WP_Customize_Control을 상속하여 구현하였습니다. 기본적인 클래스의 기능은 이미 모두 구현되어 있어 카테고리 선택상자를 랜더링하는 부분만 추가해주었습니다.

wp_dropdown_categories($args)

구분		기본 값	설명
$args 기본 값: ''	'show_option_all'	''	전체 카테고리를 나타내는 문자열
	'show_option_none'	''	카테고리 지정 안함을 나타내는 문자열
	'orderby'	'id'	정렬 기준
	'order'	'ASC'	정렬 방향
	'show_count'	0	포함된 포스트 갯수 포함 여부
	'hide_empty'	true	하위 글이 없는 카테고리 포함여부
	'child_of'	false	부모 카테고리
	'exclude'	''	제외할 카테고리
	'echo'	true	출력 여부
	'selected'	false	기본 선택
	'hierarchical'	false	계층적 표시 여부
	'name'	'cat'	선택상자 name 속성
	'id'	''	선택상자 id 속성
	'class'	'postform'	선택상자 css 클래스
	'depth'	0	포함할 계층 단계
	'tab_index'	0	tab index
	'taxonomy'	'category'	나열하려는 taxonomy
	'hide_if_empty'	false	카테고리 없을 시 선택상자 출력 여부
	'option_none_value'	-1	카테고리 선택 안함을 선택한 경우의 값
	'value_field'	'term_id'	선택 시 적용할 값
	'required'	false	필수 선택 지정

'show_option_all'에 문자열을 지정하면, 전체 카테고리를 선택할 수 있는 option이 추가 되고, 그 문자열로 사용합니다.

'show_option_none'에 문자열을 지정하면, 아무런 카테고리도 선택하지 않는 option이 추가되고, 그 문자열로 사용합니다.

위 두 값은 문자열을 지정해주는 것으로 기능이 활성화되며, 기본적으로 비활성 상태입니다.

'orderby'는 정렬 기준을 지정하는 값으로, 기본 값은 카테고리의 아이디이지만, 이 외에 'name', 'slug' 등이 사용 가능합니다.

'order'은 'orderby'의 값을 기준으로 한 정렬 방향을 지정합니다. 'ASC'(오름차순) 혹은 'DESC'(내림차순)이 사용 가능합니다.

'show_count'를 true로 지정하면, 카테고리명 우측에 해당 카테고리에 속하는 포스트의 수가 같이 출력되어, 활성화의 정도를 판단하는 데 도움을 줍니다.

'hide_empty'를 true로 지정하면, 해당 카테고리에 속한 포스트가 하나도 없는 경우 선택 option에서 제외합니다.

'child_of'에 특정 카테고리의 아이디를 지정하면, 그 아이디의 하위 카테고리들만을 선택 대상으로 제한합니다.

'exclude'에는 선택 항목에서 제외하고자 하는 카테고리의 아이디를 지정해줍니다. 복수 개의 아이디를 지정하려면 콤마로 구분된 문자열이나 배열의 형태로 전달합니다.

'echo'의 값이 true이면 문자열을 바로 출력하고, false이면 출력 없이 반환을 합니다.

'selected'에는 기본 값으로 선택되어질 카테고리의 아이디를 지정합니다.

'hierarchical'의 값이 true이면, 선택 상자 내에서 하위 카테고리는 한 칸 들여쓰기가 된 형태로 계층 구조를 포함하여 나타냅니다.

'name', 'id' 값은 선택 상자를 위한 select 태그의 name, id의 값으로 각각 사용됩니다.

'class' 값은 css 클래스를 지정하기 위해 사용합니다.

'depth' 값은 카테고리의 계층 구조에서 하위 몇 단계까지 목록에 포함할지를 지정합니다. 0이면 제한 없이 전체를 의미합니다.

'tab_index'의 값이 지정되면 태그에 tabindex 속성으로 추가 됩니다. 폼이나 문서 내에서 키보드의 탭키로 포커스 이동의 순서를 변경할 필요가 있을 때 사용합니다.

'taxonomy'는 워드프레스 기본 '카테고리 - 포스트' 이외의 커스텀 포스트 타입 등을 추가하여 사용하는 경우 해당 텍사노미를 지정하여 지원이 가능합니다.

'hide_if_empty'를 true로 지정하면, 선택 상자에 나열할 카테고리가 아무것도 없는 경우, 선택 상자 자체를 생략합니다.

'option_none_value'는 위 'show_option_none'를 지정하여 아무런 카테고리도 선택하지 않는 선택인 경우의 전달값을 지정합니다.

'value_field'는 선택 상자의 option 항목을 선택 시 값으로 사용할 항목으로 기본 'term_id' 이외에 'name', 'slug' 등의 값이 사용 가능합니다.

'required'를 true로 지정하면, 선택 상자를 구성하는 html 태그에 'required' 속성이 추가 됩니다. 폼 내에서 필수적으로 선택할 필요가 있는 경우, submit 단계에서 이 속성을 활용하여 스크립트 해당 항목의 선택 여부를 판단할 수 있습니다.

10행부터 시작되는 render_content() 메소드에서는 새로 추가하는 카테고리 선택상자의 화면 출력 처리만 추가해준 후, 그 이외의 경우에는 47행에서 부모 클래스에서 처리하도록 구현합니다.

사용자 정의를 위해 앞서 제작한 클래스를 사용할 수 있게 파일을 먼저 참조시켜줍니다.

inc/it-customize.php

```php
<?php
/**
 * functions.php - 기능 구현을 담당하는 파일입니다.
 *
 * @package theme-itssue
 */

require_once( 'class-it-customize-control.php' );
...
```

메인 페이지를 설정하는 section을 추가하고 메인 페이지에서 보여줄 항목들의 setting 및 control들을 추가해보겠습니다.

inc/it-customize.php

```php
function it_theme_customize_register( $wp_customize ) {
...
// 프론트 페이지 section
$desc = '
아래 레이아웃을 참조하여 각 항목을 설정하세요.<br />
<table class="it-customize-table">
  <tr>
    <td colspan="3" class="center">슬라이더</td>
  </tr>
  <tr>
    <td>영역1</td>
    <td>영역2</td>
    <td>영역3</td>
  </tr>
  <tr>
    <td>영역4</td>
```

```php
        <td>영역5</td>
        <td rowspan="2">SNS</td>
      </tr>
      <tr>
        <td>영역6</td>
        <td>영역7</td>
      </tr>
    </table>
    ';
    $wp_customize->add_section( 'it_customize_front_page', array(
      'title' => '프론트 페이지',
      'description' => $desc,
      'active_callback' => 'is_front_page',
    ) );

    // 슬라이더
    $wp_customize->add_setting( 'it_customize_front_slider', array(
      'default' => '',
    ) );
    $wp_customize->add_control(
      new IT_Customize_Control( $wp_customize,
        'it_customize_front_slider', array(
          'label' => '슬라이더 숏코드',
          'description' => '이미지 슬라이더 출력을 위한 숏코드를 입력합니다.',
          'section' => 'it_customize_front_page',
        )
      )
    );

    // 영역 1 ~ 7
    for( $i = 1; $i <= 7; $i++ ) {
      $prefix_setting = 'it_customize_front_area_'. $i. '_';
      $wp_customize->add_setting( $prefix_setting. 'type', array(
        'default' => 'page',
      ) );
      $wp_customize->add_control(
        new IT_Customize_Control( $wp_customize, $prefix_setting. 'type',
          array(
            'label' => '영역 '. $i,
            'description' => '콘텐트 유형',
            'section' => 'it_customize_front_page',
            'type' => 'radio',
```

```
59          'choices' => array( 'page' => '페이지', 'category' => '카테고리'
60        ),
61      )
62    );
63
64    $wp_customize->add_setting( $prefix_setting. 'page', array(
65      'default' => '',
66      'transport' => 'postMessage',
67    ) );
68    $wp_customize->add_control(
69      new IT_Customize_Control( $wp_customize, $prefix_setting. 'page',
70        array(
71          'description' => '페이지를 선택하세요.',
72          'section' => 'it_customize_front_page',
73          'type' => 'dropdown-pages',
74          'active_callback' => function() use( $prefix_setting ) {
75            return 'page' == get_theme_mod( $prefix_setting. 'type' );
76          },
77        )
78      )
79    );
80
81    $wp_customize->add_setting( $prefix_setting. 'category', array(
82      'default' => '',
83      'transport' => 'postMessage',
84    ) );
85    $wp_customize->add_control(
86      new IT_Customize_Control( $wp_customize,
87        $prefix_setting. 'category', array(
88          'description' => '카테고리를 선택하세요.',
89          'section' => 'it_customize_front_page',
90          'type' => 'dropdown-categories',
91          'active_callback' => function() use( $prefix_setting ) {
92            return 'category' == get_theme_mod( $prefix_setting. 'type'
93        },
94      )
95    )
96  );
97
98    $wp_customize->selective_refresh->add_partial( $prefix_setting,
```

```
 99          array(
100             'selector' => '#front-block-'. $i,
101             'settings' => array(
102               $prefix_setting. 'type',
103               $prefix_setting. 'page',
104               $prefix_setting. 'category'
105             ),
106             'render_callback' => function() use( $i ) {
107               return it_front_block( $i );
108             },
109           )
110         );
111       }
112
113       // SNS
114       $wp_customize->add_setting( 'it_customize_front_sns', array(
115         'default' => '',
116       ) );
117       $wp_customize->add_control(
118         new IT_Customize_Control( $wp_customize, 'it_customize_front_sns',
119           array(
120             'label' => 'SNS 숏코드',
121             'description' => 'SNS 타임라인을 출력 위한 숏코드를 입력합니다.',
122             'section' => 'it_customize_front_page',
123           )
124         )
125       );
126     }
```

is_front_page()

현재 브라우징 중인 페이지가 프론트 페이지인지 여부를 반환합니다. 만약, 알림판 ⇨ 설정 ⇨ 읽기에서 '전면 페이지'를 설정하였다면 해당 페이지에서 호출 시에도 true를 반환합니다.

여기에서 추가하는 control들은 모두 앞에서 제작한 IT_Customize_Control 객체를 사용해보았습니다. 카테고리 선택상자를 위한 기능 이외에는 모두 부모클래스의 기능을 상속하기 때문에 사용상의 차이점 없이 모든 control을 처리할 수 있습니다.

26행에서 section을 추가하면서 직관적으로 알아볼 수 있도록 html 태그를 사용하였습니다. 이렇게 'description'항목에는 단순 텍스트만이 아닌 태그의 사용도 가능합니다. 또, 현재 추가하는 section은 프론트 페이지 설정에만 관여하는 control들이 모여있는 section으로, 미리보기 화면에서 프론트 페이지가 아닌 다른화면으로 이동했을 때에는 활성화될 필요가 없어, 'active_callback'에 워드프레스 제공 함수인 is_front_page()를 지정해 주었습니다.

47행부터는 for 루프를 순환하며 영역을 나타내는 $i 값에 접두어와 접미어를 덧붙여 각각의 아이디를 가지는 setting과 control들을 추가합니다.

74행과 91행을 보면 52행에서 추가한 라디오 선택 control의 선택 값에 따라 서로 배타적으로 화면에 보이도록 콜백 함수를 구현해주었습니다.

98행에서는 부분적으로 갱신되도록 영역을 지정해주는데, 메인 페이지에서의 한 개의 영역은 라디오 버튼 선택과 페이지 혹은 카테고리 선택에 따라 갱신이 필요하므로, 102~104행에서 모든 setting들을 지정해주어 어떠한 값이 변경되더라도 갱신이 발생하도록 합니다.

106행 렌더링을 위한 콜백 함수는 실제 메인 페이지 렌더링 시에도 공통으로 사용할 수 있도록, 영역을 나타내는 파라메터만을 받아 처리할 수 있도록 구현합니다.

33행 슬라이더, 113행 SNS 숏코드 입력을 위한 setting을 추가할 때는 'transport'를 지정하지 않고 전체화면 갱신이 되도록 했습니다. 보통 이런 숏코드로 동작하는 플러그인들은 본문에 숏코드가 사용되었을 때만 동작을 위한 스크립트를 불러오는데, 부분적으로 갱신하도록 구현을 할 경우 스크립트 없이 html 부분만 생성이 되어 정상 동작이 되지 않아 부득이 전체화면 갱신이 되도록 구현합니다.

49행 콘텐트 유형을 선택하는 라디오 버튼도 그 선택에 따라 다음에 나오는 페이지 선택 상자와 카테고리 선택 상자가 베타적으로 활성/비활성 되는데, 'postMessage' 방식으로는 이 동작이 되지 않아 이 역시 'transport'를 생략했습니다.

그런데 위 섹션의 description으로 영역의 이해를 돕기 위해 추가해준 table 부분이 실제로는 의도한 대로 보이지 않습니다. 이는 워드프레스가 기본으로 제공하는 css스타일이 table 태그에 border가 보이지 않게 지정되어 있기 때문입니다. 별도의 스타일을 추가하여 테이블이 제대로 보이도록 하겠습니다.

css/style-customize.css

```
1   /* customizer */
2   .customize-section-description table.it-customize-table {
3    width: 100%;
4    text-align: center;
5   }
6
7   .it-customize-table td {
8    border: 1px solid black;
9   }
```

추가한 파일을 불러오도록 합니다.

inc/it-customize.php

```
1   ...
2   // 사용자 정의 설정 영역 스타일 enqueue
3   function it_enqueue_customizer_control_style() {
4    wp_enqueue_style( 'it-customizer-css',
5      get_template_directory_uri(). '/css/style-customize.css' );
6   }
7   add_action( 'customize_controls_enqueue_scripts',
8     'it_enqueue_customizer_control_style' );
```

이전에 '사용자 정의하기'의 갱신 효과를 위해 자바스크립트 파일을 불러올 때 사용했던 'customize_preview_init' 액션이 아니라 'customize_controls_enqueue_scripts' 액션에서 처리해주었습니다.

사용자 정의하기 화면은 panel, section, control들이 위치하는 왼쪽 설정영역과 오른쪽 미리보기 영역이 한 화면처럼 보이지만, 실제로는 오른쪽 미리보기 영역은 iframe안에 보여지는 것입니다. 즉, 논리적으로 별개의 영역이며 스크립트나 스타일 시트도 각각 불러오게 됩니다. 앞에서 사용했던 'customize_preview_init'에서 불러오는 스크립트나 스타일 시트는 그 이름에서 알 수 있듯이 오른쪽 미리보기 영역에서 불러오게 되어 여기서 의도하는 왼쪽 설정 영역의 스타일 조작은 할 수 없습니다.

메인 페이지의 각 영역을 출력할 함수를 추가합니다.

inc/it-customize.php

```php
...
// 메인 페이지 블럭
function it_front_block( $area ) {
  $prefix_setting = 'it_customize_front_area_'. $area. '_';
  $type = get_theme_mod( $prefix_setting. 'type' );
  $query_id = get_theme_mod( $prefix_setting. $type );

  ob_start();

  if ( !$type || !$query_id ) {
    get_template_part( 'tmpl-front', 'none' );
  } else {
    $args = array();
    if ( 'category' == $type ) {
      $args = array(
        'cat' => $query_id,
      );
    } else {
      $args = array(
        'page_id' => $query_id,
      );
    }

    query_posts( $args );
    get_template_part( 'tmpl-front', $type );
    wp_reset_query();
  }

  return ob_get_clean();
}
```

파라메터로 전달받은 영역 번호를 이용하여 선택된 값을 얻어와 결과를 반환하도록, 8행에서 버퍼링을 시작하고, 28행에서 버퍼링된 값을 반환합니다. 실제 출력 내용은 템플릿을 이용하였는데, 템플릿으로는 파라메터를 전달할 수 없으므로 23행에서 메인 쿼리를 조작하여 템플릿에서 출력 후 25행에서 메인 쿼리를 돌려놓습니다.

위 함수에서 필요로 하는 템플릿을 추가합니다.

tmpl-front-none.php

```php
<?php
/**
 * tmpl-front-none.php - 메인 페이지의 미설정 영역을 담당하는 파일입니다.
 *
 * @package theme-itssue
 */
?>
<div class="block-page">
 <div>영역이 설정되지 않았습니다.</div>
</div>
```

영역 설정이 존재하지 않을 때 사용되는 템플릿입니다. 단순 안내 문구만 출력합니다.

tmpl-front-page.php

```php
<?php
/**
 * tmpl-front-page.php - 메인 페이지의 페이지 영역을 담당하는 파일입니다.
 *
 * @package theme-itssue
 */
?>
<div class="block-page">
 <?php
 if ( have_posts() ) :
   the_post();
   the_post_thumbnail();
 ?>
   <div>
     <?php
     printf( '<a href="%s" title="%s" class="block-title">%s</a>'
       , get_permalink()
       , the_title_attribute( 'after= 보러가기&echo=0' )
       , get_the_title()
     );
     if ( !has_post_thumbnail() ) {
       ?>
       <p class="page-excerpt">
```

```
24            <?php echo get_the_excerpt(); ?>
25          </p>
26          <?php
27        }
28      ?>
29    </div>
30    <?php
31  else :
32    echo '<div>선택한 글이 존재하지 않습니다.</div>';
33  endif;
34  ?>
35 </div>
```

12행에서 특성 이미지를 출력해 주고 특성이미지가 지정되지 않은 경우 24행에서 글 요약을 추가로 출력합니다. the_post_thumbnail()은 특성 이미지가 없는 경우에는 아무것도 출력하지 않기 때문에 12행에서 별도의 조건 없이 바로 호출했습니다.

다음은 카테고리 영역 템플릿입니다.

tmpl-front-category.php

```
1   <?php
2   /**
3    * tmpl-front-category.php - 메인 페이지의 카테고리 영역을 담당하는 파일입니다.
4    *
5    * @package theme-itssue
6    */
7   ?>
8   <div class="block-cat">
9     <p class="cat-title">
10      <?php echo single_cat_title(); ?>
11    </p>
12    <?php $cat_link = get_category_link( get_query_var( 'cat' ) ); ?>
13    <a href="<?php echo $cat_link; ?>" title="더보기" class="cat-more">
14      +
15    </a>
16
17    <hr class="clear">
18
```

```
19      <?php
20      if ( have_posts() ):
21        while( have_posts() ):
22          the_post();
23          printf( '<a href="%s" title="%s" class="post-title">%s</a>'
24            , get_permalink()
25            , the_title_attribute( 'after= 보러가기&echo=0' )
26            , get_the_title()
27          );
28          printf( '<span class="post-date">%s</span>'
29            , get_the_date()
30          );
31        endwhile;
32      else:
33        echo '<div>등록된 글이 존재하지 않습니다.</div>';
34      endif;
35      ?>
36    </div>
```

get_category_link($category)

구분	기본 값	설명
$category	없음	WP_Term 객체 혹은 카테고리 아이디

$category에 아이디나 카테고리를 나타내는 WP_Term 객체가 주어지면 해당 카테고리로 이동하는 주소를 반환합니다. 포스트나 정적 페이지로 가는 주소를 얻기 위해 get_permalink()를 호출했던 것과 마찬가지로 동일 기능의 카테고리 버전 함수라고 보시면 됩니다.

10행에서 카테고리 이름을 출력하고, 그 우측에 카테고리의 목록화면으로 이동할 수 있는 링크를 제공합니다. 21행부터 루프를 순환하면서 글 목록을, 해당글로 이동할 수 있는 링크와 작성일자를 출력합니다. 29행 get_the_date() 호출에서 작성일을 출력합니다.

다음은 프론트 페이지 템플릿 파일입니다.

front-page.php

```php
<?php
/**
 * front-page.php - 사이트의 랜딩 페이지를 담당하는 템플릿
 *
 * @package theme-itssue
 */
get_header();
?>

<div class="slider">
 <!-- 슬라이더 영역 -->
 <?php
 echo do_shortcode( get_theme_mod( 'it_customize_front_slider' ) );
 ?>
 <!-- /슬라이더 영역 -->
</div><!-- .slider -->

<div class="blocks">
 <?php $i = 1; for( ; 3 >= $i; $i++ ) : ?>
   <div id="front-block-<?php echo $i; ?>" class="one-third">
     <?php echo it_front_block( $i ); ?>
   </div>
 <?php endfor; ?>
</div>

<div class="blocks">
 <div class="two-third">
 <?php for( ; 7>= $i; $i++ ) : ?>
   <div id="front-block-<?php echo $i; ?>" class="one-second">
     <?php echo it_front_block( $i ); ?>
   </div>
 <?php endfor; ?>
 </div>
 <div class="one-third block-fbw">
   <?php
   echo do_shortcode( get_theme_mod( 'it_customize_front_sns' ) );
   ?>
 </div>
</div>
```

```
41  <?php
42  get_footer();
```

실제 기능을 숏코드 및 외부 함수 그리고 템플릿을 사용하여 템플릿 자체의 구현 내용은 간단해졌습니다. 각 콘텐트 영역은 for 문 순환을 사용하여 앞에서 구현했던 it_front_block() 호출로 출력됩니다.

여기까지 작성 후 화면을 살펴보면 한 가지 문제가 있습니다. 프론트 페이지에서는 사이드바가 없어져야 합니다.

footer.php

```
1  ...
2      <!-- 사이드바 -->
3      <?php if ( !is_front_page() ) get_sidebar(); ?>
4      <!-- /사이드바 -->
5  ...
```

사이드바 호출 시 프론트 페이지가 아닌 경우에만 호출이 되도록 조건을 추가해줍니다.

screenshot

이제 마지막으로 프론트 페이지를 적당히 꾸미고 화면을 캡처하여 screenshot.png(gif, jpg, jpeg도 가능)라고 저장해줍니다. 크기에 특별히 제한은 없지만, 가로 대 세로 비율을 4대3 정도로, 파일 크기가 너무 크지 않도록 편집하여 테마 폴더에 저장해줍니다.

알림판 ⇨ 외모 ⇨ 테마를 확인해보면 테마의 스크린샷 이미지를 보실 수 있습니다.

여기까지 테마의 기본 구성 파일들을 작성하면서 테마를 완성해보았습니다. 구조를 이해하고 변형 및 응용을 해보시면 쉽게 자기만의 테마를 제작할 수 있습니다.

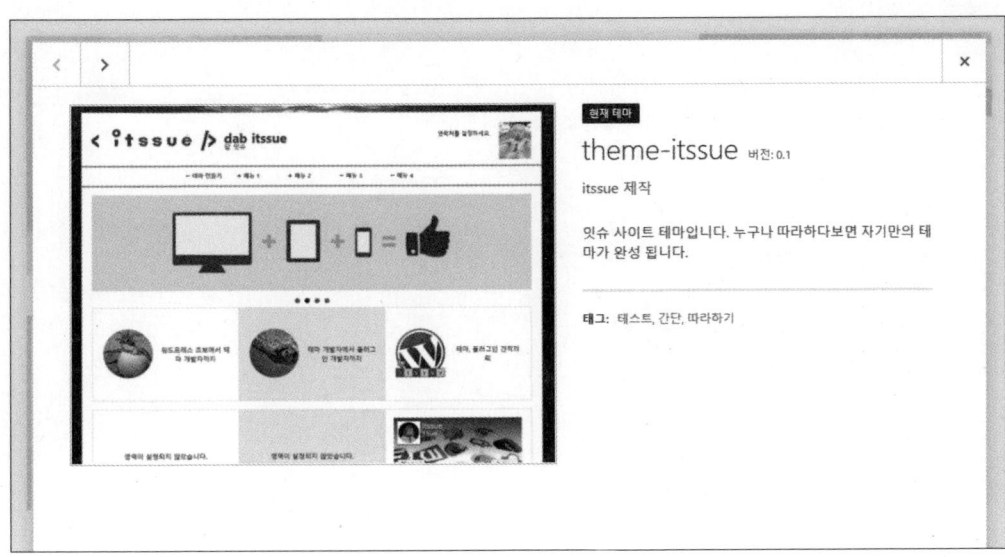

메인 페이지

9장_
웹 접근성

웹의 힘은 그것의 보편성에 있다.
장애에 구애없이 모든 사람이
접근할 수 있는 것이 필수적인
요소이다.

-팀 버너스 리 경(웹의 창시자)

웹 접근성이란

웹 접근성은 어떠한 사용자라도 웹사이트에서 제공하는 정보를 차별 없이 이용할 수 있도록 보장하는 것으로 우리나라에서는 장애인차별금지법 제정 이후로 많이 거론되면서 익숙한 단어가 되었습니다. 2013년에 그 적용대상이 민간기업에까지 확대되면서 이제 웹 접근성 준수는 의무사항입니다.

웹 접근성을 충족시키기 위한 요소로는 스크린 리더를 위한 대체 텍스트, 올바른 태그의 사용, 모든 기능 키보드 사용 가능 등 기능적인 요소들이 있습니다. 색상 명도 대비 같은 기준을 충족하기 위해서는 디자인이나 레이아웃까지 고려가 되어야 합니다. 그래서 기획 단계에서부터 충실히 준비할 필요가 있습니다.

이번 장에서는 웹 접근성을 충족하기 위한 필수요소 중, 테마제작 시 고려해야 할 몇 가지에 대해 알아보겠습니다.

이미지 첨부

웹 접근성의 가장 대표적인 유형은 img 태그의 사용입니다. 이미지를 첨부할 때 대체 텍스트를 제공하기 위해 alt 속성을 추가해야 합니다. 이를 위해서 테마 제작 시 이미지가 필요한 경우, WP_Post 객체나 다른 방법으로 이미지의 주소를 얻어 사용하지 말고, wp_get_attachment_image() 등의 함수를 통해 생성된 img 태그를 사용하시기 바랍니다.

wp_get_attachment_image($attachment_id, $size, $icon, $attr)

구분	기본 값	설명
$attachment_id	없음	첨부 이미지 아이디
$size	'thumbnail'	얻으려는 이미지 사이즈

$icon	false	아이콘 이미지 여부
$attr	''	img 태그 추가 속성

이미지 출력을 위한 img 태그 전체를 반환합니다. 특별한 조치 없이도 css 클래스와 대체 텍스트를 위한 alt 속성을 추가해주고, 무엇보다도 유용한 점은 srcset 속성을 추가하여 디바이스의 화면 크기에 따라 최적의 크기로 이미지를 제공할 수 있습니다.

기본적으로 제공하는 속성으로는 src, class, alt, srcset 등이 있고, $attr을 통해 사용자가 원하는 속성의 변경 및 추가가 가능합니다.

단, 이렇게 img 태그를 얻기 위해서는 선행 조건이 있습니다. 이미지를 미디어 라이브러리에 업로드 시에 아래 이미지의 '대체 텍스트' 항목을 꼭 기입해주어야 합니다. 비워놓은 경우에는 파일 이름이 alt 속성으로 주어집니다.

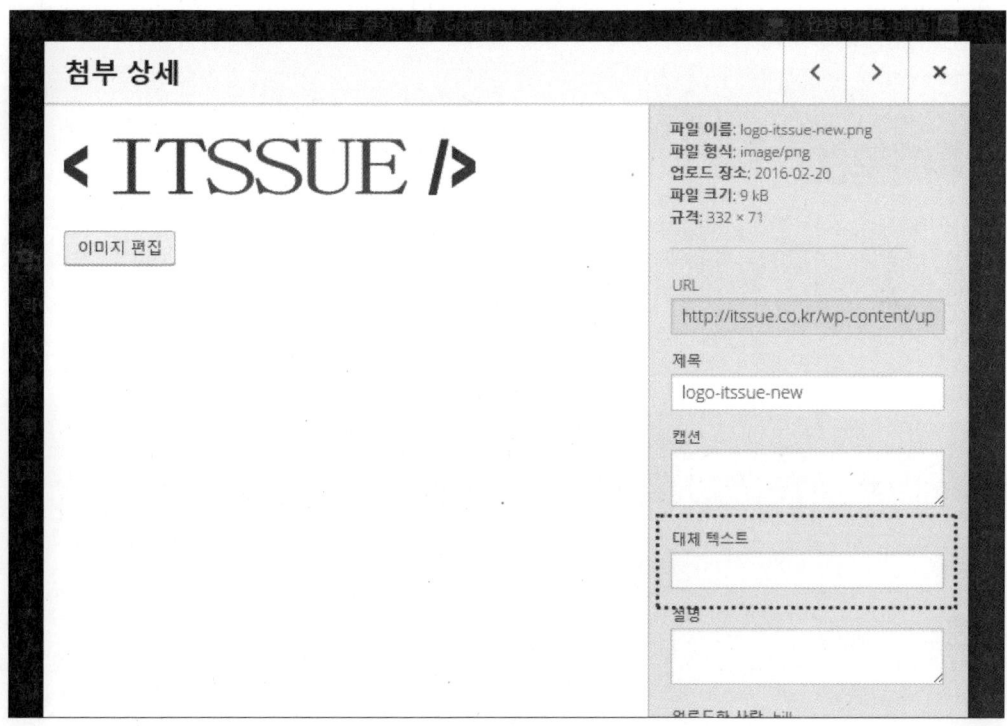

앞 장에서 적용했던 헤더 영역의 추가 로고 이미지를 이 함수를 사용해서 변경해보겠습니다.

inc/it-customize.php

```php
function it_print_header() {
...
<!-- 추가 로고 이미지 -->
<?php if ( $extra_logo = get_theme_mod( 'header_extra_logo' ) ) : ?>
  <?php
  echo wp_get_attachment_image( $extra_logo, 'thumbnail', false,
    array( 'class' => 'logo-extra', 'alt' => '추가 로고 이미지',
  ) );
  ?>
<?php endif; ?>
<!-- /추가 로고 이미지 -->
...
}
```

여기에서는 alt 속성과 css 클래스를 지정하여 항상 고정된 값을 갖도록 호출하였습니다.

하이퍼링크

하이퍼링크는 a 태그를 사용하여 만듭니다. 그 대상은 다른 웹페이지나 파일, 이메일 혹은 모바일의 경우 전화걸기 등이 가능합니다. a 태그에도 대체 텍스트를 제공하기 위해 title 속성이 필요한데, 가장 많이 사용되는 부분은 아마도 메뉴일 것입니다.

위 이미지와 같이 알림판 ⇨ 외모 ⇨ 메뉴에서 우측 상단의 '화면 옵션'을 클릭한 후 '제목 속성'을 활성화하면 각각의 메뉴 항목에 '제목 속성' 입력란이 나타납니다. 이 부분에 입력하는 내용이 메뉴의 하이퍼링크에서 title 속성으로 표시됩니다.

테마 제작 중에 필요한 하이퍼링크라면 개발자가 신경 써서 title 속성을 제공해주면 되겠지만, 납품 후 운영과정에서 사용자가 콘텐트를 추가할 경우라면 지속적인 대체 텍스트 제공을 보장하기 어렵습니다. 이런 경우를 위해 자바스크립트로 보완을 해줍니다.

js/common.js

```
1   /**
2    * common.js - 공통 자바스크립트
3    *
4    * @package theme-itssue
5    */
6   jQuery(document).ready(function($) {
7     $('a:not([title])').each(function(i,e) {
8       var sTitle = e.text;
9       $(e).attr('title', sTitle + ' 바로가기');
10    });
11  });
```

7행 a 태그 중 title 속성이 없는 항목을 jQuery 선택자로 선택하여, 8행 각 항목의 a 태그의 여는 태그와 닫는 태그 사이의 텍스트를 얻어 9행에서 ' 바로가기'라는 문자열을 덧붙여 title 속성으로 추가해줍니다. 앞서 작성한 스크립트를 모든 페이지에서 불러올 수 있게끔 헤더파일에서 링크해줍시다.

header.php

```
1   ...
2   <!-- head 태그에서 할 일 -->
3   <?php
4   wp_enqueue_script( 'common-js', $it_base. '/js/common.js',
5     array( 'jquery' ) );
6   wp_enqueue_style( 'style-css', $it_base. '/style.css' );
7   ?>
8   <!-- /head 태그에서 할 일 -->
9   ...
```

스타일 시트를 링크하는 부분에서 스크립트도 추가해주고, 우리가 만든 자바스크립트는 jQuery의 기능을 이용하여 작성한 것이므로 의존성도 지정해줍니다. 이제 본문에서 사용한 하이퍼링크에도 완벽하진 않지만 a태그 사이의 문자열은 보통 링크를 통해 연결될 페이지 명칭을 사용하기에 크게 어색하지 않게 대체 텍스트를 제공합니다.

> **[Quiz] 세계 최초의 웹사이트는?**
>
> 웹의 창시자 팀 버너스 리가 만든 웹사이트입니다. 웹에 대하여 소개하는 사이트인데요, 당시에 본인의 개인용 컴퓨터를 웹서버로 사용하였습니다. 오늘날의 웹사이트와 비교하면 디자인이라 할 것도 없는 단순 텍스트 기반의 사이트이지만, 웹의 탄생과 관련된 디지털 자산을 보존하자는 프로젝트의 일환으로 복원되었습니다. 최초의 웹사이트와 그에 관련된 여러 가지 정보들은 아래 주소를 통해서 확인할 수 있습니다.
>
> http://info.cern.ch

World Wide Web

The WorldWideWeb (W3) is a wide-area hypermedia information retrieval initiative aiming to give universal access to a large universe of documents.

Everything there is online about W3 is linked directly or indirectly to this document, including an executive summary of the project, Mailing lists , Policy , November's W3 news , Frequently Asked Questions .

What's out there?
    Pointers to the world's online information, subjects , W3 servers, etc.
Help
    on the browser you are using
Software Products
    A list of W3 project components and their current state. (e.g. Line Mode ,X11 Viola , NeXTStep , Servers , Tools , Mail robot , Library)
Technical
    Details of protocols, formats, program internals etc
Bibliography
    Paper documentation on W3 and references.
People
    A list of some people involved in the project.
History
    A summary of the history of the project.
How can I help ?
    If you would like to support the web..
Getting code
    Getting the code by anonymous FTP , etc.

10장_
자식 테마

부모 테마 < 자식 테마…?

자식 테마의 필요성

지금까지는 테마를 직접 제작하는 방법을 알아보았습니다. 수정이 필요한 부분이 있다면 해당 부분의 코드를 직접 수정하여 원하는 기능이나 화면을 구현하면 됩니다.

비슷한 성격의 다수 서브 사이트로 구성된 멀티 사이트의 경우를 생각해보겠습니다. 각각의 서브 사이트를 위한 독립된 테마를 제작하는 대신, 서브 사이트들의 공통된 부분을 구현한 테마와 해당 사이트에서만 필요한 조각 부분만을 구현한 무엇인가가 있다면, 유지 및 보수가 훨씬 용이합니다.

또는 범용 테마를 구매하여 사용하는 경우, 테마의 업데이트로 인해 번번이 변경한 부분을 재 수정해주어야 합니다. 기본 동작은 본(부모) 테마를 따르되, 특정 부분에 대해서는 내가 제작한 루틴으로 동작했으면 좋겠습니다.

이런 경우에는 자식 테마를 이용하여 원하는 목적을 이룰 수 있습니다. 부모 테마가 가지고 있는 기능을 기본으로 이용하면서 추가적으로 필요한 부분은 자식 테마에 구현합니다. 부모 테마의 업데이트 여부와는 독립적인 운영을 보장합니다.

자식 테마 만들기

워드프레스 테마 폴더에 새로운 폴더를 하나 생성한 후 아래 내용으로 style.css 파일을 작성합니다.

style.css

```
1  /*
2  Theme Name: theme itssue child
3  Template: theme-itssue
4  */
```

위 두 줄만으로 워드프레스는 자식 테마로 인식합니다. 여기서 중요한 항목은 'Template' 뒤의 내용인데요, 부모 테마가 위치한 폴더명을 명시해줍니다.

워드프레스는 자식 테마의 부모 테마가 존재하지 않는 경우 망가진 테마라는 경고를 보여주며, 자식 테마의 자식 테마는 허용하지 않습니다. 또한 자식 테마로 사이트를 운영 중, 부모 테마가 사라진 경우에도 상위 테마가 없다는 경고와 함께 사이트는 더 이상 정상 작동을 하지 않습니다.

> 상위 테마가 없습니다. "theme-itssue" 상위 테마를 설치하세요.

알림판 ⇨ 외모 ⇨ 테마에서 단 두 줄만으로 제작된 자식 테마를 활성화한 후 사이트를 방문해 보면 모든 기능이 정상 동작하는 것을 확인할 수 있습니다.

단, '사용자 정의하기'에서 저장한 설정에 의해 결정되는 항목들은 아무런 설정도 없을 때의 결과를 보여줍니다. 이는 설정된 값을 저장하기 위한 setting을 추가 시 'type'의 값을 'theme_mod'를 사용했기에 발생하는 문제입니다.

이 문제를 해결하기 위해서는 '사용자 정의하기' 항목들의 값을 다시 설정해주거나 직접 데이터베이스 'wp_options' 테이블에서(설정에 따라 다를 수 있음), 'theme_mods_{부모 테마 폴더 명}'으로 저장되어 있는 값을 'theme_mods_{자식 테마 폴더 명}' 으로 새로운 레코드를 추가해 주면 됩니다.

메뉴를 상단 고정 방식으로 변경하고, 랜딩 페이지에서는 이미지 슬라이더 대신 동영상을 삽입할 수 있도록 꾸며볼 텐데, 워드프레스 4.7부터 추가된 '테마 지원'의 '헤더 동영상'과 '사용자 정의하기' 기능을 조합하여 구현해보도록 하겠습니다.

자식 테마와 부모 테마 간의 동작 방식에는 기본적으로 자식 테마에 우선권이 있습니다. 다만, 훅의 사용이나 스타일 시트와 스크립트 파일의 링크 등은 때에 따라서 부모 테마의 간섭을 배제 혹은 조정할 필요도 있습니다. 직접 자식 테마를 만들면서 파일의 유형별로 차이점을 알아보도록 하겠습니다.

처음 테마 제작을 시작하면서 했던 것처럼, 기본적인 구성 요소들은 다음 위치에서 각자 편한 방식으로 준비해주시기 바랍니다.

🅖 https://github.com/itssuedev/theme-itssue-child

앞에서와 마찬가지로 직접 따라해보실 분들은 base_env로 chekout하신 후 진행하세요.

functions.php

functions.php 파일은 다른 테마 구성 파일들과 다르게 자식 테마와 부모 테마의 파일들 모두가 사용됩니다. 단, 읽어들이는 우선 순위는 자식 테마의 functions.php가 앞서기 때문에 먼저 불러오게 됩니다.

functions.php

```php
<?php
/**
 * functions.php - 기능 구현을 담당하는 파일 입니다.
 *
 * @package theme-itssue-child
 */

$args = array(
 'height' => 648,
 'wp-head-callback' => null,
 'video' => true,
);
add_theme_support( 'custom-header', $args );

function it_adj_theme_customize( $wp_customize ) {
 $desc = '
 아래 레이아웃을 참조하여 각 항목을 설정하세요.<br />
```

```
18      <table class="it-customize-table">
19        <tr>
20          <td colspan="3" class="center">헤더 미디어 영역</td>
21        </tr>
22        <tr>
23          <td>영역1</td>
24          <td>영역2</td>
25          <td>영역3</td>
26        </tr>
27        <tr>
28          <td>영역4</td>
29          <td>영역5</td>
30          <td rowspan="2">SNS</td>
31        </tr>
32        <tr>
33          <td>영역6</td>
34          <td>영역7</td>
35        </tr>
36      </table>
37      ';
38      $wp_customize->get_section( 'it_customize_front_page' )->description
39          = $desc;
40
41      $wp_customize->remove_control( 'header_contact_show' );
42      $wp_customize->remove_control( 'header_contact' );
43      $wp_customize->remove_control( 'header_extra_logo' );
44      $wp_customize->remove_control( 'it_customize_front_slider' );
45
46      $wp_customize->get_control( 'header_video' )->priority = 5;
47      $wp_customize->get_control( 'header_video' )->section
48          = 'it_customize_front_page';
49      $wp_customize->get_control( 'external_header_video' )->priority = 6;
50      $wp_customize->get_control( 'external_header_video' )->section
51          = 'it_customize_front_page';
52      $wp_customize->get_control( 'header_image' )->priority = 7;
53      $wp_customize->get_control( 'header_image' )->section
54          = 'it_customize_front_page';
55  }
56  add_action( 'customize_register', 'it_adj_theme_customize', 20, 1 );
```

13행에서 테마 지원 기능 중 'custom-header' 기능을 활성화하면서 세세한 설정은 8행에서 선언한 배열을 활용하고 있습니다. 'video'의 값을 true로 설정하여 이미지뿐만 아니라, 동영상도 지원하도록 합니다.

테마 지원을 활성하기 위해 사용하는 add_theme_support() 함수는 중복해서 호출된 경우 파라메터로 제공된 설정 중, 이미 설정된 값은 건너뛰고, 아직 설정되지 않은 값만을 받아들입니다. 여기에 자식 테마가 먼저 불려지는 특성과 맞물려 자식 테마에서 원하는 설정을 선점할 수 있습니다.

13행의 테마 지원 기능 추가 구문과 부모 테마에서 사용한 동일 구문의 호출 결과 최종 적용되는 결과는 다음과 같습니다.

| 자식 테마 | ```$args = array(
    'height' => 648,
    'wp-head-callback' => null,
    'video' => true,
);``` |
|---|---|
| 부모 테마 | ```$args = array(
    'width' => 1080,
    'height' => 148,
    'default-text-color' => '551a8e',
    'header-text' => true,
    'wp-head-callback' => 'it_custom_header_style',
    'admin-head-callback' => 'it_custom_header_admin_style',
    'admin-preview-callback' => 'it_custom_header_admin_preview',
);``` |
| 적용값 | ```$args = array(
    'width' => 1080,
    'height' => 648,
    'default-text-color' => '551a8e',
    'header-text' => true,
    'wp-head-callback' => null,
    'admin-head-callback' => 'it_custom_header_admin_style',
    'admin-preview-callback' => 'it_custom_header_admin_preview',
    'video' => true,
);``` |

15행부터 시작되는 함수는 '사용자 정의하기' 기능에 몇 가지 수정을 하기 위한 액션 훅의 구현부입니다. 함수의 내용을 살펴보기 전에 먼저 56행에서 액션으로 등록하는 부분을 주목해 주시기 바랍니다. add_action() 함수의 세번째 파라메터인 우선순위의 값으로 20을 지정하였습니다.

자식 테마가 먼저 불려져서 여기에서 추가한 액션 훅이 등록되고, 부모 테마에서도 동일한 액션 훅이 등록됩니다. 액션 훅은 동일한 우선순위인 경우 먼저 등록된 것을 먼저 처리하기 때문에 부모 테마에서 추가한 사용자 정의하기 항목들이 정상적으로 적용된 후로 수행 시점을 늦춰주기 위하여 우선순위 값을 사용하였습니다.

38행에서 '슬라이더 영역'의 텍스트를 '헤더 미디어 영역'으로 변경하기 위하여 description을 변경하였습니다.

41행부터 44행까지는 부모 테마에서 추가되었지만, 자식 테마에서 사용하지 않을 control들을 제거합니다.

46행부터는 동영상과 이미지 지정을 위한 control들을 '프론트 페이지' section으로 옮겨주고 순서를 조정하기 위해 우선순위도 함께 변경해줍니다.

```
   부모 테마의 functions.php
1  if ( !function_exists( 'func_example' ) ):
2    function func_example( param1, param2 ) {
3      ......
4      do_something();
5      ......
6    }
7  endif;
```

부모 테마에서 제공하려는 함수들을 선언 시 이렇게 하면 자식 테마 제작 시에도 좀 더 유연성을 제공할 수 있습니다. 자식 테마에서 해당 함수의 동작을 변경할 필요가 있을 때 같은 이름으로 함수를 선언해 줍니다. 워드프레스 동작 특성상 자식 테마의 함수선언이 유효해지고, 위 예제 소스와 같이 선언된 부모 테마의 함수는 선언 과정을 건너뛰게 됩니다. 결과적으로 자식 테마에서 선언한 함수가 수행되게 됩니다.

템플릿 파일

템플릿 파일들의 경우, 자식 테마의 폴더에서 찾아보고 파일이 발견되면 그 파일을, 그렇지 않으면 부모 테마에 있는 원본 파일을 사용하게 됩니다. 대개의 경우 약간의 변경만 필요하기 때문에, 부모 테마에서 해당 파일을 복사한 후 변경이 필요한 부분만 수정해서 사용합니다.

랜딩 페이지를 위해 front-page.php 파일을 부모 테마에서 복사 후 수정해줍니다.

front-page.php

```
1  <?php
2  /**
3   * front-page.php - 사이트의 랜딩 페이지를 담당하는 템플릿
4   *
```

```php
 * @package theme-itssue-child
 */
get_header();
?>
<div class="header_media">
 <!-- 헤더 미디어 영역 -->
 <?php the_custom_header_markup(); ?>
 <!-- /헤더 미디어 영역 -->
</div><!-- .header_media -->

<div class="site-branding">
 <h1 class="site-title">
   <a href="<?php bloginfo( 'url' ); ?>" title="HOME">
     <?php bloginfo( 'name' ); ?>
   </a>
 </h1>
 <p class="site-description">
   <?php bloginfo( 'description' ); ?>
 </p>
</div>

<div class="blocks">
 <?php $i = 1; for( ; 3 >= $i; $i++ ) : ?>
   <div id="front-block-<?php echo $i; ?>" class="one-third">
     <?php echo it_front_block( $i ); ?>
   </div>
 <?php endfor; ?>
</div>

<div class="blocks">
 <div class="two-third">
 <?php for( ; 7>= $i; $i++ ) : ?>
   <div id="front-block-<?php echo $i; ?>" class="one-second">
     <?php echo it_front_block( $i ); ?>
   </div>
 <?php endfor; ?>
 </div>
 <div class="one-third block-fbw">
   <?php
   echo do_shortcode( get_theme_mod( 'it_customize_front_sns' ) );
   ?>
 </div>
```

```
47      </div>
48      <?php
49      get_footer();
```

부모 테마에 있던 슬라이더 영역을 제거하고, 헤더 미디어 영역(9행)과 사이트 제목 및 설명을 위한 영역(15행)을 추가합니다.

the_custom_header_markup()

헤더 미디어 영역을 위한 HTML 구문을 출력합니다. 이미지가 설정된 경우 이미지 영역을, 동영상이 설정된 경우 동영상 영역 및 재생/정지 제어를 위한 버튼과 스크립트가 함께 추가 됩니다.

스타일 시트

스타일 시트는 CSS 구문 특성 상 이미 선언된 스타일 구문이라도 자식 테마에서 얼마든지 다시 선언가능하며, 단지 뒤에 선언한 내용이 우선한다는 점만 주의하시면 됩니다.

여기에서는 액션 훅을 활용하여 자식 테마의 스타일 시트를 추가해보도록 하겠습니다.

functions.php

```
1    ...
2    function it_enqueue_child_scripts() {
3     wp_enqueue_style( 'style-child-css',
4       get_stylesheet_directory_uri(). '/style.css' );
5    }
6    add_action( 'wp_enqueue_scripts', 'it_enqueue_child_scripts' );
```

자식 테마에서 별도의 헤더 파일을 제작하지 않았기 때문에 모든 페이지 출력 시, 부모 테마의 헤더 파일을 활용합니다. 그 파일에서는 wp_head() 호출 시 'wp_enqueue_ scripts' 액션도 함께 수행되며, 헤더 파일에서 추가한 스타일 시트에 뒤이어 자식 테마의 스타일 시트도 의도한대로 링크됩니다.

get_stylesheet_directory_uri()

현재 사용 중인 테마의 정보를 담고있는 스타일 시트가 위치한 URL 주소를 반환합니다.

get_template_directory_uri() 함수와 차이점은 그 명칭에서 알 수 있듯이 '스타일 시트'와 '템플릿' 이라는 구분에 있습니다. 테마에 대한 기본적인 정보를 담고 있는 파일은 style.css라는 스타일 시트 파일입니다. 이는 항상 활성화된 테마의 경로가 됩니다.

반면, 템플릿은 화면을 출력하는 틀을 가진 여러 파일들로, 자식 테마를 활성화하더라도 템플릿은 여전히 부모 테마 입니다. (자식 테마의 style.css 생성 시 'Template' 키워드를 사용하여 부모 테마의 경로를 지정했던 것을 기억하시기 바랍니다.)

사용함수	활성테마	
	부모 테마	자식 테마
get_template_directory_uri()	부모 테마 경로	부모 테마 경로
get_stylesheet_directory_uri()	부모 테마 경로	자식 테마 경로

실제로 테마를 활성화하면 데이터베이스의 wp_options 테이블에 'template'과 'stylesheet'라는 옵션 명으로 테마 또는 자식 테마의 폴더 명이 저장됩니다. 자식 테마에서 별도의 헤더 파일을 제작하여 자식 테마의 스타일 시트를 링크하고, 그 스타일 시트 내에서 부모 테마의 스타일 시트를 첨삭하는 방법도 있습니다.

header.php

```
1  ...
2  wp_enqueue_style( 'style-child-css',
3   get_stylesheet_directory_uri(). '/style.css' );
4  ...
5  wp_head();
6  ...
```

style.css

```
1  /*
2  Theme Name: theme itssue child
3  Template: theme-itssue
4  */
5  @import url( '../theme-itssue/style.css' );
6  ...
```

워드프레스 CODEX 사이트의 자식 테마 제작하는 방법 안내에서도 위와 같이 기술하고 있으나, 스타일 시트에서 @import 구문을 이용하여 파일을 추가로 링크 시 성능 상의 이슈가 있어 지양하는 추세입니다.

이외에 테마 제작 시 스타일 시트의 링크를 헤더 파일에서 하지 않고, 아예 functions.php 파일에서 액션 훅을 사용하여 해준다면 자식 테마 제작 시 더 유연한 제어가 가능해 집니다.

부모 테마의 functions.php

```
1  ...
2  function scripts_parent() {
3   wp_enqueue_style( 'style-parent-css',
4      get_template_directory_uri(). '/style.css' );
5  }
6  add_action( 'wp_enqueue_scripts', 'scripts_parent' );
```

자식 테마의 functions.php

```
1  ...
2  function scripts_child() {
3   wp_enqueue_style( 'style-child-css',
4     get_stylesheet_directory_uri(). '/style.css' );
5  }
6  add_action( 'wp_enqueue_scripts', 'scripts_child', 20 );
```

이 방법에서 주의할 점은 자식 테마의 add_action() 함수가 먼저 수행되기 때문에 자식 테마의 스타일이 먼저 링크되어 의도한 대로 스타일 정의가 반영되지 않습니다. 6행에서 우선순위의 값으로 20을 지정하여 부모 테마의 스타일 시트가 먼저 링크되도록 조정하였습니다. 혹은, wp_enqueue_style()의 파라메터 중 의존성을 설정하여서도 해결이 가능합니다.

자식 테마의 functions.php

```
1  ...
2  function scripts_child() {
3   wp_enqueue_style( 'style-child-css',
4     get_stylesheet_directory_uri(). '/style.css',
5     array( 'style-parent-css' ) );
6  }
7  add_action( 'wp_enqueue_scripts', 'scripts_child' );
```

의존하는 스타일 시트의 핸들을 추가로 지정하여 자식 테마의 스타일 시트가 후 순위로 링크됩니다.

헤더영역 수정

functions.php

```
...

function it_adj_print_header() {

  remove_action( 'it_print_header', 'it_print_header' );


  the_custom_logo();

}


add_action( 'it_print_header', 'it_adj_print_header', 5 );
```

우리가 제작 중인 자식 테마는 헤더 영역의 구성이 조금 다릅니다. 사용자 정의 로고만 헤더에서 보여주고, '사이트 제목'과 '태그라인'은 메인 화면에서만 보여줍니다.

header.php를 수정해서 자식테마 만을 위한 헤더영역 템플릿을 만들어 주어도 되겠지만, 우리가 부모 테마로 사용중인 'theme-itssue' 테마는 다행히 우리가 수정하고 싶은 부분을 액션훅으로 분리가 되어 있습니다. 이 액션을 수정하여 구현합니다.

3행 부모테마에서 추가한 원래 헤더영역 출력 액션훅을 제거합니다.

5행 우리가 의도한 대로 사용자 정의 로고만 출력한 후 수행을 종료합니다.

7행 액션훅을 추가하는 구문을 보면 우선 순위가 5 입니다. 자식테마에서 우리가 지금 하려는 작업은 부모테마의 동작을 막고, 우리가 원하는 코드의 수행을 추가하는 것입니다. 부모테마에서 추가한 액션훅보다 더 빠른 우선순위로 선행 수행되어 작업을 가로챌 필요가 있습니다.

screenshot

자식 테마도 마찬가지로 하나의 테마입니다. 특징을 잘 나타낸 스크린 샷 파일을 추가하여 테마를 완성해주세요.

워드프레스 테마 개발,
쉬운 길과 어려운 길이 있습니다

직접 개발하는 길은 어렵지만
그만큼 가치가 있는 도전입니다

질문은 언제든 환영합니다
http://dab.itssue.co.kr

워드프레스 테마 직접 만드는 개발자 되기
: 범용 테마 개조는 이제 그만!

초판 1쇄 발행 / 2017년 05월 20일

지은이 / 김경호, 정명선

편집 / 김부장
디자인 / 서당개

펴낸이 / 김일희
펴낸곳 / 스포트라잇북
제2014-000086호 (2013년 12월 05일)

주소 / 서울특별시 영등포구 도림로 464, 1-1201 (우)07296
전화 / 070-4202-9369   팩스 / 02-6442-9369
이메일 / spotlightbook@gmail.com

주문처 / 신한전문서적 (전화)031-919-9851 (팩스)031-919-9852

책값은 뒤표지에 있습니다.
잘못된 책은 구입한 곳에서 바꾸어 드립니다.

Copyright ⓒ 김경호, 정명선 2017, Printed in Korea.
저작권법에 의해 보호 받는 저작물이므로 무단전재와 복제를 금합니다.

ISBN 979-11-87431-06-0 13560

스포트라잇북은 주목받는
잇북(IT Book)을 만듭니다.